古都穿越指南

Published by arrangement with Thames & Hudson Ltd, London,
Ancient Rome on 5 Denarii a Day© 2007 Thames & Hudson Ltd , London
This edition first published in China in 2022 by SDX Joint Publishing Company, Beijing
Chinese edition © 2022 SDX Joint Publishing Company

古罗马穿越指南

[英]菲利普·马蒂塞克 著

王丹妮 刘仁龙 译

生活·讀書·新知 三联书店

Simplified Chinese Copyright © 2022 by SDX Joint Publishing Company.
All Rights Reserved.

本作品简体中文版权由生活·读书·新知三联书店所有。
未经许可，不得翻印。

图书在版编目（CIP）数据

古罗马穿越指南/（英）菲利普·马蒂塞克著；王丹妮，刘仁龙译.—北京：生活·读书·新知三联书店，2022.9
（古都穿越指南）
ISBN 978-7-108-07391-4

Ⅰ.①古… Ⅱ.①菲…②王…③刘… Ⅲ.①古罗马–历史 Ⅳ.①K126

中国版本图书馆 CIP 数据核字（2022）第 059847 号

责任编辑　李　佳
装帧设计　刘　洋
责任印制　张雅丽

出版发行　生活·讀書·新知 三联书店
　　　　　（北京市东城区美术馆东街 22 号 100010）
网　　址　www.sdxjpc.com
图　　字　01-2019-5284
经　　销　新华书店
印　　刷　三河市天润建兴印务有限公司
版　　次　2022 年 9 月北京第 1 版
　　　　　2022 年 9 月北京第 1 次印刷
开　　本　880 毫米 × 1230 毫米　1/32　印张 5.75
字　　数　150 千字　图 51 幅
印　　数　0,001–3,000 册
定　　价　69.00 元

（印装查询：01064002715；邮购查询：01084010542）

马可·奥勒留皇帝凯旋

目 录
CONTENTS

一 抵达罗马 / 1
部丢利 & 踏上旅途

二 罗马近郊 / 14
别墅 & 渡槽 & 墓群 & 城址 & 城墙与城门

三 衣食住行 / 27
下榻之所——罗马七丘 & 住宿类型 & 卫生设施 & 医疗救助 & 服饰 & 饮食

四 社交活动 / 50
外出就餐 & 与人会晤 & 罗马称谓 & 社会秩序 & 奴隶 & 家庭

五 购物消费 / 69
购物之所 & 兑换货币 & 购物指南 & 市政官员

六 法律秩序 / 81
禁卫军 & 城市守卫 & 守夜队 & 犯罪 & 法庭 & 监狱 & 惩罚

七　娱乐消遣 / 94

角斗场 & 竞技场 & 剧院 & 妓院

八　宗教信仰 / 116

寻访神庙 & 万神殿 & 宗教节日

九　名胜攻略 / 131

罗马广场 & 提图斯凯旋门 & 帝国广场 & 凯旋柱 & 圣彼得墓 & 浴场

十　罗马漫步 / 148

帕拉蒂尼山 & 漫步台伯河河畔 & 战神广场

地图 / 162

作者附言 / 164

一　抵达罗马

部丢利&踏上旅途

古谚有云：条条大道通罗马。然而，选择哪条路却须深思，何时前往亦须熟虑。如果到达过早，你将直面肆虐狂啸的冬季风暴；抵达过晚，缤纷节日已然谢幕，美景凋零，凡能逃离酷夏的人们都会逃到海边度假胜地巴亚古城[1]，或是托斯卡纳山的凉爽地带。迟到之人将迎头撞上秋季首个冷潮时节——一个永远病态的大都会，而且是一年里最萧索的季节。

简而言之，起程前做番旅游攻略必不可少。准备越充分，旅程中令人不快的意外就会越少。从容赶急，这是我们从古罗马人处继承而来的忠告。前往何方，花费几何，何法可度，答案也许令人惊诧。时至今日，尽管罗马时代已距我们两千余载，但它依然深刻邈远。

首先，尽早未雨绸缪，寻觅到访罗马的下榻之处。要做到这点，不妨先为到访你的城市的罗马游客提供食宿招待。罗马人都

1　巴亚（Baiae）是古罗马时期富人享乐的"拉斯维加斯"，这里建造了大片豪宅，这座古代城市是"奢华和堕落"的代名词。巴亚古城的历史可追溯至公元1世纪，由于火山活动导致海岸线向内陆推进了400米，许多古罗马城市沉没海底，巴亚古城沉没于现今意大利西海岸的那不勒斯海湾。——以下注释若无特殊说明，均为译者所加。

是伟大的旅行家,珍惜迪纳里厄斯[1]之情不减外省。而且,他们珍惜友情,视礼尚往来为心底的道德律,如果你曾经热情招待过一位罗马游客,那么,等你前往罗马旅游,主人家必然报之以李。这便是为何任何一位重要的罗马客人来访时,人们几乎总是争先恐后为其提供食物和住所。招待一位罗马客人可能会有小小不便,但对罗马客人的友好招待,可是保证下次回访帝都时享受大致对等招待的最佳方式之一。

吾辈欣然来此,载乐而归。唯愿此生再游罗马,祷告诸家神。

来自庞培古城的涂鸦,
《拉丁铭文集成》4.1227

自古以来,居罗马大不易,游玩也会破费不少。虽然帝国中央治安良好,游客无须忧虑强人剪径,但大量盗贼、流氓却将游客视作待宰羔羊。

多数罗马游客为安全计,通常会将钱藏在包里,挂在颈上,或者系在腰间。只携带旅行所需的最少现金,不足则在罗马换取,不失为明智之举。

操作步骤如下:所有主要的航运协会和商会都在罗马城外设有办事处,一些善经营的城市在帝国四方都有"办事处",充分保障公民旅行福祉与商业利益。

找到一家在罗马设有"驻罗马办事处"的店铺,然后报出打算游玩"永恒之城"的预算。在约定兑换比率后(勿忘讨价还价),店主会给你一张收据,凭此就能在罗马的

---

[1] Denarius,古罗马的分币,银制,详见第五章。

"驻罗马办事处"兑换钱币。此举减少了旅程中必须携带的钱币,并且省去抵达时兑换罗马货币的麻烦(参见"兑换货币",第73页)。

> 置珠宝于身侧,勿示于人前。
> ——一名罗马士兵给即将起程前往罗马的妻子的忠告

为加快行程,节省过夜旅费,最好先从海上出发,在罗马南部颠簸数日到达坎帕尼亚的部丢利港。你需要联系最近的大型海港货运代理商,请其安排本次航行。最佳选择是早春为卡普亚提供货物的商船。如果想节省海上航行时间,不妨寻找一艘开往罗马奥斯蒂亚港的谷物船,尽管该选择意味着你可能会错过闻名遐迩的阿庇安大道。

除了偶尔横渡亚得里亚海的渡轮,客船早已销声匿迹。但多数商船依然欢迎游客,找到一名好船务代理可以避免一位无良船长中途将你扔入大海,谋夺你的财产。从罗马共和国末期盛世以来,海盗已大大减少,但并非每艘船都是清白的。

一旦确定起程日期,根据居处位置,你或许需要出境签证。仔细询问签证费用。例如,在帝国东部,耗资8至108德拉克马不等,这取决于个人以及行省官员判定此人对当地经济贡献的多寡。(类似帝国朝廷,拥有一位显赫"朋友"可以让种种小麻烦消弭于无形,所以你需要谨慎探询,结交这样的朋友需要花费几何。)

携带你的私人旅行用品。船长会供应用于烹饪和饮用的水,如果彬彬有礼地请求,或者愿意额外付费,旅客或仆从也许能获得许可进入厨房亲自准备饭菜。下页图表显示了海上航行的最少时间；但是，海上风云莫测，旅期容易延长，或是意外漂流到迥然不同的目的地。

海上旅行的距离与时间

路线	海里	天数
利基翁 – 部丢利	175	1.5
非洲 – 奥斯蒂亚	270	2
迦太基 – 雪城	260	2.5
托罗门尼翁（西西里岛）– 部丢利	205	2.5
马西利亚（马赛）– 奥斯蒂亚	380	3
西班牙（北方）– 奥斯蒂亚	510	4
亚历山大港 – 以弗所（在希腊）	475	4.5
柯林斯 – 部丢利	670	4.5
亚历山大港 – 墨西拿（西西里岛）	830	6 或 7
迦太基 – 直布罗陀	820	7
赫耳克勒斯石柱（直布罗陀）– 奥斯蒂亚	935	7
亚历山大港 – 部丢利	1000	9

罗马人一提到海上航行便会呼吸加重，哀叹摇头。罗马人是天生的"旱鸭子"，痛恨出海，坚信人生最凄惨之事便是扬帆远航。地中海海床上，古代沉船满目疮痍，表明多数罗马人确实如此。游客们也许会欣赏佩特罗尼乌斯[1]撰写的《萨蒂利孔》中的海上逸闻。但这位旅行者的命运却不那么令人兴味盎然……

---

1 Petronius，古罗马作家。贵族出身，曾担任比提尼亚总督，后来又任执政官。他精于享乐，得到罗马皇帝尼禄的赏识，被召为廷臣，主管宫中娱乐，故有"风雅裁判官"之称。后因被怀疑参与以皮索为首的共和派反尼禄的密谋，切断动脉自杀而死。

一 抵达罗马

> 有一男尸流冲向岸，波翻浪涌，时沉时浮。我静伫岸边，眸已湿润，凝视那造化终局，喃喃自语："天涯彼处，春闺深处，妻儿翘首待你归来，无人曾料想遭遇风暴。毋庸置疑，你已永诀昔日吻别之佳偶。人之壮志雄心至斯，伟业宏图如是。试看今日如何乘风破浪！"
>
> 佩特罗尼乌斯，《萨蒂利孔》115

虽然有些悲伤情绪，但该时期的海上旅行却出现千载未有的繁荣盛景。彼时，来自亚历山大港的每艘巨轮都能运载一两百名旅客和350吨埃及谷物。大多数游客乘坐的则是更朴素低调的船——例如欧罗巴（Europa），这种货船曾被绘制在庞培古城一间房屋的灰墙上。它长约21米，船尾与船首高耸入云。货船驱动依靠一张大型方帆，定向借助后桨，船上唯一的生活区专属船长大人。游客犹如奴隶船员般横睡在甲板上。

> 每盘查之际，关员强扯包裹。此乃法之所许，强争绝非善计。
>
> 普鲁塔克，《道德论丛》

没有一位头脑清醒的船长会在11月12日到3月10日的"禁海期"扬帆远航，因为冬季风暴肆虐，航海困难重重，风险难以想象。事实上，除非有万分紧急之事，否则至少要等到3月27日才能起航。由于月底起航不吉，所以每年首航都会选在4月初。此外，如果船长在每次远航前都注重祭祀，那么这艘船也许有幸获得地中海沿岸季

一商船驶入港口,停于支流之上,距奥斯蒂亚港数英里。帆上字母(VL)意为"自由民专属",货物安然抵达,船员牺牲甚巨。港口立有海神雕像,执三叉戟

风的眷顾。这种温柔的季风能在航行季大大推动地中海沿岸商业的繁荣昌盛。

部丢利

部丢利曾是意大利的主要港口。一百年前,它与希腊的提洛岛(一个巨大的奴隶交易中心)同是地中海的主要港口。部丢利人善于制陶和纺织贸易,但令部丢利真正闻名遐迩的却是当地所产的"火山灰"(pozzoli),这是当时神奇建筑材料混凝土的主要成分,罗马人最先充分利用其潜力,其使用标准甚至略高于21世纪的同类产品。

抵达罗马时,正如需要忍耐帝国所有税务官那样,游客还必

须忍耐港口海关官员的诘问。但罗马人的乐善好施又弥补了海关官员的粗鲁无礼。

部丢利毕竟是一座罗马港口——如果你在一处名义上非罗马辖区登陆,例如塔伦特姆或那不勒斯,意味着先要被地方官搜查一番,然后才能进入"罗马"地盘。

如果不幸遇上禁市的国殇日,游客必须推迟行程计划。(国殇日通常是国殇的周年纪念日——例如,公元前 390 年 7 月 18 日,高卢人歼灭了一支罗马军团。)停留部丢利期间,闲暇之余,不妨游览华丽恢宏的圆形剧场。它占地长 149 米,宽 116 米,中间坐落着长近 75 米、宽 42 米的斗兽场。据传,暴君尼禄曾在此角斗,但如今,建筑结构只能追溯到其继任者弗拉维王朝[1]。此外,其他有趣之处还有城中渡槽,其中一条穿越两千年的漫漫时光,至今仍在为罗马供水。

然而,在经历了一次相当拥挤的海上航行后,你也许应该马不停蹄地赶往部丢利温泉浴场。而后,你便能潇洒不羁、异香袭人地漫步至位于当地市场的塞拉皮斯[2]神像。该巨型雕像坐落于码头附近,从此便可开启下段旅程。

踏上旅途

勿要奢望陆地旅行惬意舒坦。彼时,簧载悬架几乎不存,多

---

[1] 弗拉维王朝是一个罗马帝国王朝,从公元 69 年持续到公元 96 年。
[2] Serapis,古埃及地下的神。在古埃及神话里,塞拉皮斯是死亡之神,后来他又与康复之神合为一体。其崇拜者曾遍及希腊、罗马。

数车轴转动依靠少量润滑油。在通往罗马的大道上，车轴吱吱作响，响声一路随行（尽管白天重型马车不许入城）。马匹罕见稀有，通常只用于帝国驿站与军队。由于罗马马鞍简陋，也没有马镫（马镫直到数世纪后才传入意大利），骑马也是种苦差。多数步行旅人或许会买头驴代驮行李。

如果情侣携手同游，不妨考虑下 birota（意思是"两个轮子"），顾名思义，这是一种轻巧灵便、行驶迅捷的双轮车——多数短途旅客会选辆双轮马车。这种（通常装饰精美）古代马车与其说是载客车，不如说是公子王孙的消遣玩物。一个旅行的家庭应考虑选择一个宽敞有顶的车厢，以便家人夜宿其中，节省旅费。

富豪想要一乘四到八个奴隶轮抬的轿辇，一名仆从在前清路。在罗马共和国早期，轿子是病患与严重退化的人才使用的，但近世以来，世人早已对此习以为常。

阿庇安大道是罗马第一条大道，也是帝国奇迹。在此之前，从未有文明拥有如此庞大的道路网络。其他道路自然蜿蜒，通常沿着古道铺设，罗马大道历经勘察，笔直如箭，穿过自然地貌，横越沼泽，劈山而过。事实上，图拉真皇帝沿海铺设阿庇安大道，中间甚至开凿过一条 36.5 米深的崖口。

所有罗马大道都按同一标准铺设——在一条大约 1.2 米深的宽沟槽里填满坚硬砂石，然后铺上一层砾石和黏土，用力压实，顶层铺设石板，略微高拱，以便雨水流向两侧。但你也许会发现，多数车辆并非在道上行驶。古代鲜有役畜配备铁蹄，故为保护畜蹄起见，多数车辆都行驶于路旁，将大道留给旅人。

一 抵达罗马

阿庇安大道,近郊繁华大道。道旁冢无数,形同公寓,背景处建有凯西莉亚·米特拉巨型圆墓,高11米,径29米

通往罗马的大道上,里程碑绵延林立(1罗马里比后来通用的1英里少95码)。这些圆形或椭圆形的石碑往往会提供丰富信息,例如修路者和维护者的姓名。有时,几座里程碑并立,阐释冗长繁复的历史细节。有时,每隔2.4公里才有一座里程碑。在罗马,一定要到古罗马城市广场上寻访闻名遐迩的金色里程碑[1]。实际上,该里程碑由奥古斯都皇帝敕建,石柱上嵌套青铜牌匾,标明该地与罗马帝国各城市的距离。

通常地图以带状表示沿途站点——它们不提供一般地形信息,也不提供罗盘方位。

罗马基契安博物馆曾展出三只银杯,杯上刻有从加的斯到罗马的路程与站点。大多数地图都会标注出帝国驿站所在。公差可在驿站更换车马,寻常旅客也能享受食宿服务。

---

[1] Golden Milestone,是古罗马时期的公路原点。奥古斯都皇帝在古罗马广场竖立了这块中央石碑,将其作为世界的中心。

每隔十几里左右便有旅店,假如无处下榻,也有办法。可在一种配有马厩的旅馆(stabulum)过夜。意大利中部城市埃瑟尼亚的一处墓葬碑文曾详述过该类旅馆提供的服务:

"房主,结账!"
"贵客,您点酒一品脱,还有价格一先令的面包、三阿司的酱汁。"
"然也。"
"携驴一头。"
"然也。"
"驴食干草二捆。"
"吾当为此孽畜所毁!"

最佳住宿处也许是小旅店,尽管那里也没几件家具。房东尽己所能塞满房间,旅客必须与大伙儿以及成堆臭虫共眠同宿。如果穷游的话,只能选择一家皮帕(古罗马的乡村客栈),与当地无业游民和臭虫、蟑螂同桌共食。此外,不妨打听一下允许寄宿的私宅。通常,房门上面悬有牌匾,写有一行字:"您若整洁,欢迎光临。若是邋遢,吾虽羞于启齿,亦不失好客之道。"

> 三五子漫游岸旁,无论身临何地,海航陆行,处处躁动。
> 塞涅卡,《论心灵的宁静》2.13

切记留意财产。依据法律,旅店老板与船长需要负责找寻遗失财物(尽管许多标识推卸照管钱币或珠宝的责任），但私人旅馆的房东却无应尽之责。

旅途中游客络绎不绝，形形色色。虽然危险重重，但罗马人依然热衷远足。旅游业兴旺发达，不仅大量旅客游历罗马，而且许多富家公子远赴希腊或埃及游玩，排场浩浩荡荡（而且刻石铭文，以供后人观赏）。

许多人踏上朝圣之路，他们在著名神殿祈求神谕，祷祝健康，而后欢欣鼓舞、精力充沛地踏上归途。当然，运动和新鲜的

公元前312年，罗马伟大的克劳狄家族族长阿庇乌斯·克劳狄建造了阿庇安大道。

****

罗马帝国拥有29万公里的官方公路，以及无数的羊肠小道。

****

一位提比略皇帝的将军试图通过海路将罗马军团从德国运到冬季驻地，结果在一场突如其来的风暴中损失了数百艘船和数千名士兵。

****

一辆被称为raedais的重型货车能够装载超过1000磅的货物。

乡野空气也起到一定作用。富豪商旅络绎不绝，一些人携带着充满异国情调的动物。它们或被置于罗马展览，或在贪婪之地死去（参见"角斗场"，第99页）。当地许多商旅都会根据市场布局沿着城镇环线行路（大多数村镇都没有店铺，但每隔一段就有市场）。有些旅客是士兵，他们或休假回家，或完假归营，或充当斥候，或负责军需。如此数量众多的非罗马公民士兵（他们被称为佩雷格里尼）抵达罗马，以至于元老院必须专门为其准备住宿。其中有一位百夫长[1]将圣保罗带到了罗马。任何一名罗马公民都能如圣保罗那般依据《尤莉亚申诉法》亲自向恺撒上诉，阐述案情，事实上许多人确实如此做过。

诗人贺拉斯沿阿庇安大道观光，在日记中记下了旅途观感：

> 今日，行驶二十四里，栖于一小镇，我不愿披露其名，仅略示线索。此处，至贱之水亦需出资。上上之物，不过面包者矣，故而智者皆自带面包……
> 此地名曰贝内文托，亦有吾所知之山——阿普利亚（贺拉斯生于韦诺萨，距此不远）。灼热之风穿山过谷，若未能在特里维库姆附近寻一下榻之所，恐无过山之策。店中燃一堆湿叶，烟雾弥漫，刺目熏睛。吾似痴人，呆坐入夜，佳人负心，良久不至。及至困极而眠，春梦缱绻——床被濡湿一片。
> 及至考地乌姆，店主好客，以叉烧烤数只鳞峋画眉，不慎走水，店遂化作平地。火星四散至地板，焰火蹿入古厨房，咆哮肆虐，冲向屋顶。骇人至极。众

---

[1] centurion，古罗马军官职位，指挥百人左右的队伍。

客官饥肠辘辘，群仆瞠目结舌，皆自夺食，余客尽力扑火。

于锡努艾萨见瓦里乌斯、维吉尔。众皆栖于一小楼，邻近坎帕尼安桥。

赴阿里西亚途中，船夫、贩夫成群。膂力干练之徒虽可于一日内游完，然为省力计，筹划两日行完。若心宽意闲，阿庇安大道亦有寻幽探奇之处。城中广场水脏污至极，非亲见不足信，故旅友大快朵颐之际，吾坐一旁，辘辘饥肠。及至暮色笼罩，繁星点点，奴仆与船夫谈笑甚欢。蚊集蛙聚，辗转难眠。彼时，一船夫与旅客以廉价葡萄酒对酌，二人相继哼曲，以发遥念异地佳偶之幽情。

贺拉斯，《讽刺诗集》5

拉丁语中各种路的叫法

actus——分支路，一般为牲口所用

clivus——斜坡上的路

pervium——通衢

semita——小路

angiportus——狭窄的街道或小巷

via——公路

vicus——街道

贺拉斯所载沼泽属于庞普廷沼泽，此处强匪横行。经过此地，别墅鳞次栉比，装修豪华富丽。目之所及，已非农场，而是市场果园。这里车水马龙，熙熙攘攘。再走数里路，罗马便在眼前！

二　罗马近郊

别墅&渡槽&墓群&城址&城墙与城门

当罗马大约 50 万间壁炉、铁匠铺和面包房冒出的烟雾在地平线上清晰可见时，这个世界上最大的城市已经融入了当地的景观之中。从山坡宏伟壮阔的别墅，到绵延数里的商业果蔬园，再到横贯大地的巨石渡槽，邻近村郊都已成为这座伟大的城市的奴仆。自此开始，当第一批坟墓横现在大道旁的家族墓地时，罗马的气息越来越强烈，直到你抵达城墙，穿过罗马的神圣边界——城址。

别　墅

在罗马京畿，乡野建筑起初质朴无华。阿庇安大道两旁巨门耸立通往附近山坡，彼此能够一览邻近美景，壮阔别墅。在此之前，沿途别墅多为农家小筑；近郊别墅则越发宏伟，富豪下乡度假时便下榻于此。这种别墅与其说是农用，毋宁说是罗马精英们的一个躲避城市热气、噪声与干扰的隐居之所。

从农场到近郊别墅并无显著改变，但随着与罗马距离的缩短，别墅迅速成为主流。即便是在最具闲情逸致的寓所，人们往往也会趁闲暇时干些农活，哪怕只是种些个人所需的蔬果。

二 罗马近郊

如果条件适宜，许多地主都会栽培葡萄。优质果酒给了主人吹嘘资本，甚至劣酒也能用来酿醋和制取防腐剂。同样，那些精心修整的花园池塘往往也能提供食用的鲜鱼。我们听说过一个养七鳃鳗的维迪厄斯·波利奥的故事：

> 维迪厄斯之奴失手打破一玻璃杯，他命人将此奴投入鱼池，供七鳃鳗食用。此奴强行挣脱，逃至［奥古斯都］恺撒处，一无所求，唯请饶命——实不欲为恶鱼所噬。恺撒大怒，命释此奴，尽碎杯盏，填其鱼池。

并非所有达官显贵都像波利奥那般残忍。元老普林尼在给一位朋友的信中，自吹别墅设计绝佳，坐拥独居空间，"所以我不会打扰我的奴隶，当他们放松时，他们也不会打扰我的工作"。在信里，普林尼深情描述了其距离罗马 27 公里的海边隐居之地。一个宽阔的 D 形草坪，周围栽遍爬满常春藤的梧桐树。外围翠柏环绕，密影婆娑，而靠近草坪的凸起通道则向阳而立。

> 及既上，有一半圆皎白大理石长桌，旁立四克里斯蒂安大理石柱，爬藤绕柱，余荫凉爽……流水淙淙，汇入池下。适吾来此就食，桌面陈一托盘，上有开胃小菜，又设一大碗，小碗浮于池面，如舟荡川，似凫漂流。
>
> 普林尼，《信件》52

普林尼将其别墅描述得幽美堂皇、书香氤氲，因为近郊别墅的一项主要功能便是展现主人家的温文尔雅。许多通向罗马的别墅都是名副其实的艺术宝库，里面摆满了从帝国各地进贡（或掠夺）而来的奇珍异宝。

几乎所有富人都会选择柱廊庭院的建筑风格，即有一排柱子围绕内部建筑。与大多数罗马私宅一样，这些别墅通常为围绕着一个带花园的中央庭院建造的复合体，在中央区域常常还有个水池。因为许多别墅能够用作农场，所以专门辟出饲养牲畜、存放与维护农具的房屋。因为罗马人颇为珍视乡村遗产，主人家常常向游客自夸其别墅的精致与质朴：

> 盛宴如斯，羊群遍野，匆匆还家；
> 牛已疲惫，蹒跚而行，曳犁归乡。
>
> 贺拉斯，《长短句集》2

那些经过提伯尔[1]前往罗马的游客，往往需要通过恳请、贿赂或者商贸折扣，才能参观哈德良皇帝别墅的华丽花园与雕像。该花园大如一座小镇，内有湖泊、喷泉、图书馆、浴室、寺庙和剧院。有些地方，如卡诺普斯游泳池，极具埃及风情。它讲述了埃及皇帝痛失至爱——一个淹死在尼罗河中的年轻人——安提诺乌斯的悲惨故事。

从北方前往罗马的游客会经过位于罗马附近郊区第一门的莉薇娅别墅，它属于奥古斯都皇帝的妻子莉薇娅。在那里，游客可以观摩到皇帝身着战袍、腰裹斗篷的伟岸雕像。

---

1 后来被称为Tivoli（蒂沃利），意大利中部城市。

渡　槽

　　罗马渡槽令人叹为观止。它们从距离城市 64 公里的地方延伸到罗马。虽然看似庞大，但渡槽只占罗马长达 402 公里水网的一小部分。整个水网横越山川，坚不可摧，它很可能是世界上唯一使用一千八百年仍然部分可用的市政服务设施。

　　渡槽网络结构复杂，水源来自四面八方。不妨将此与毫无实际意义的金字塔或毫无作用的希腊（尽管可用于装饰）建筑进行比较。水务署官员身负重任，务必保证公众喷泉全天运营，市民日夜都可方便地用水。

罗马的主要渡槽

阿尔西蒂娜渡槽	奥古斯都所建，在所有渡槽中位置最低。供水能力不足，主要用户都集中在台伯河外区域
阿庇安渡槽	最古老的渡槽，公元前 312 年，由盲人阿庇乌斯·克劳狄所建
克劳狄娅渡槽	公元 38 年，由卡利古拉始建，克劳狄竣工。与玛西亚渡槽的水源几乎相同
尤莉亚渡槽	公元前 33 年，由阿格里帕所建，供水充沛，每日超过 5 万立方米
玛西亚渡槽	公元前 144 年，由昆图斯·马丘斯·雷克斯所建，曾为元老院与朱庇特神庙和奎里纳勒山供水
特普拉渡槽	公元前 125 年建造。大部分位于地下。与玛西亚渡槽一样，这条渡槽的水源也是两千年后罗马的主要水源
图拉真渡槽	由图拉真建造，并从当地的萨巴蒂努斯湖（21 世纪名为布拉西亚诺湖）取水
贞女渡槽	是除阿庇安渡槽与阿尔西蒂娜渡槽之外所有引水渠中海拔最低的，也是供水量最大的渡槽之一。每天向罗马供水超过 10 万立方米

每座渡槽的起始点都有座水库。初始管道设有调节入槽水流的装置,可使静水流深,泥沙沉降。渡槽四周都用混凝土浇筑,防止渗漏,水速由大型青铜阀形卡钳控制。终点也设有储水装置,而后通过渡槽将水送入罗马城中千家万户。

> 凡活水……皆用以公处、浴池、花园……其源甚远。山挖隧道,谷填平路,使其为当世奇观。
>
> 普林尼,《自然史》36.121.2

罗马渡槽各不相同。最高品质的水来自玛西亚渡槽,水源是罗马远郊的山泉水。另一座供应纯净淡水的渡槽是贞

克劳狄娅及玛西亚渡槽(更老)自郊区延至罗马。玛西亚渡槽耗资 1.8 亿塞斯特斯[1],实属巨款

---

[1] Sestertius,一种黄铜货币,是古罗马标准价格单位,通常缩写为 HS;价值 4 个阿司。见第五章"兑换货币"。

女渡槽，其名源于一位替寻水士兵指路的少女。

虽然渡槽内设装置，可以供应罗马内外，但一些早期修建的渡槽起始点过低，无法供应高地。旅人应该提前检查下榻处的渡槽，一旦供应中断，尤其在燥热异常的酷暑，便只能靠阿尔西蒂娜渡槽的劣质水，而该渡槽供水一般用于工业（如漂洗）与花园水景。同时也要尽量避免使用阿尼奥渡槽，尽管它近来已有改善，供水比新建时更宜饮用。还请牢记，因为大部分渡槽都由铅铸成，长期驻留罗马也许会导致铅中毒。罗马人深谙此理，但也相信从天然淡水中得到的公共卫生收益远超出需付的（健康）成本。

罗马

渡槽的每个石拱门大约 5.5 米宽，有些石拱门超过 30 米高。

****

罗马渡槽每天向城市输送 2 亿加仑的水。

****

一旦被抓到从渡槽偷水浇灌土地，其土地可能会被充公。

花园灌溉是罗马贵族与政府间龃龉不断的一大根源。虽然公共饮水无偿供应，但其他水源却有部分专供缴纳特别税款的人。一些钻营之辈凿穿通向罗马的渡槽，或在市政渡槽秘密打孔取水。起初，许多市政水务官极力铲除非法密渠，但后来又借重修被毁坏的渡槽大肆索贿。

墓　群

在罗马城中下葬不合法度，只有非常杰出的人可以例外。罗马伟大的瓦勒良家族、维斯塔贞女和恺撒们都有权享受，但瓦勒良家族奉公守法，并不葬在城内。对于大量幼儿夭折，罗马人早已司空见惯，他们也许会将幼儿葬在花园里，正如我们在花园中埋葬宠物的尸体。其他人都葬在城外，故而通往罗马大道的坟墓愈来愈多，从俭朴陋墓到恢宏大墓一应俱全。古墓形制没有定论，装饰各有特色。早期罗马人多行土葬，但经过数个世纪，火葬渐成风潮（尽管尚未普遍采用）——近世以来，土葬又逐渐引领潮流。

> 轻卧于她身上吧，大地，她从不曾压迫你。
>
> 马提亚尔，《一个奴隶孩子的墓志铭》

在墓地里，装有尸骨的坟墓与存放骨灰的小鸽舍式神龛比比皆是。

亲属偶尔会围在死者周围野餐，因为罗马人享受与逝去的亲人共食。下葬伊始，亲属们会吃顿丧葬饭，九天后，到墓地再吃一顿，每年至少在诸如"敬先节"之类的节日期间都会重复该仪式。实际上，亲属经常将死者带到安息之所，斜靠倚枕，意态悠闲，仿佛正要享受大餐。人们会在墓地特定角落里专门用来火葬的柴堆上焚烧尸体，若风吹向丧葬晚宴,预示厄运可能降临。

大多数罗马人都是丧葬社社员,社团每月会从会员那里收点钱用于去世会员的葬礼。社员逝后,人们会将一枚钱币置于死者口中给付卡戎,渡神卡戎将载着亡灵横渡冥河抵达冥府。一些亡者还有靴子或灯陪葬,灯用以照亮黄泉之路。

罗马人在墓碑上记载亡者去世时的年龄,常常附有字母 DM(Dis Manibus,意为"冥府亡灵";大致相当于 RIP——rest in peace 的缩写,意为"愿灵安眠"),如此一来,有利于未来人口统计学家做研究。墓志铭上可能记述了亡灵父母或配偶的信息(有时奴隶可能会为其已故主人立碑造墓,这是主人遗嘱中释放他的一个条件)。有时,墓志铭格外动人衷肠,例如,

罗马

"食肉石棺"(Sarcophagus)源于棺材的材料石灰岩。石头中的化学物质可在几周内分解尸体。(Sarco 是"肉"的意思,phagus 意为"食者"。)

> 过路客,请驻足一阅。此墓虽陋,长眠一淑女,名曰克劳迪娅。女爱其夫,为育二子,一子尚存,一子已逝。伊人活泼端庄,善持家务,勤绩羊毛。此致,客

罗马送葬队。待焚之尸被裹于锦袍，躺卧沙发，一如寻常宴饮之际——此乃警示罗马，已失去一卓越之子

请上道。

一般而言，这样的墓志铭会刻在一座家族墓穴的石棺中，例如位于阿庇安大道旁一条边道上的西庇俄斯墓，可能就有大量此类墓志铭。

在通往罗马的路上，矗立着一座11米高的古墓，纪念曾经击败斯巴达克斯角斗士起义军的李锡尼·克拉苏的儿媳凯撒利亚·梅特拉，墓上装饰独具造型的牛头饰带，建在超过30米宽的方形底座之上，如同奥古斯都和哈德良的墓，它也是圆形结构。在阿庇安大道上，还能见到帝国厨师以及米塞纳姆舰队水手的骨灰龛场，这些水手曾将巨大的遮阳板抬到罗马斗兽场上方。在第九座里程碑处，坟墓突然与帝国使者换马的小马厩相连接。自此出发，便可直达永恒之城。

城 址

对于一位罗马将军或总督而言，由于法令禁止他们入城，因此他们的罗马之旅止于城址。这一古老禁令同样适用于皇室，甚至连著名的克利奥帕特拉探访其情人尤利乌斯·恺撒时，也被禁止接近帝都中心。

城址被名为"cippi"的白色石墙整齐隔开。城址之内称为内城，城址之外一千多英里内都属于罗马，同样归属内城。cippi最早用于分隔耕地，后来被罗穆路斯引入标识城市边界。按照古代伊特鲁里亚人的仪式，耕地略微越过城门。如此一来，城址扩充，同样需要顾及城外之所。甚至元老院偶尔也会在城址外举行会议，以便被禁止入城的元老能够参会。同样，罗马战争女神贝洛娜的神庙也在城址外，需要向女战神祈祷的将军可以随时参谒。大量不属罗马万神殿的官方神祇的庙宇也在城址之外。

穿过城址前，你也许就能预感到罗马社会如何与众不同，残忍野蛮。一些婴儿因饥渴交加而号啕大哭，另一些婴儿甚至连呜咽的力气都没有，他们横躺在路旁，形衰神虚。这些被父母遗弃的婴孩或夭折此地，或被爱心人士捡走。有些婴儿生来畸形，有的只是因为生在一个无法再多抚养一个女孩的家庭。最幸运的自然是被一个善良的家庭收养。（这是罗马传说中颇为常见的主题。）另一些不那么幸运的婴孩则可能被豢养成奴隶或宠物，很多女孩则无奈堕入风尘。即使那些粗鄙不堪的罗马人也为此羞愧烦恼。后来，皇帝拨发专款赈济贫户，防止出现更多弃婴。但罗马弃婴仍随处可见，尤其是在菜市场的石柱底下。

城墙与城门

由于罗马远离边境，似乎不需城墙，但守卫城门严控进出必不可少。皇帝们出于抵御叛军的需要，更加重视古老的防御工事，甚至偶尔扩充。起初，罗马的城墙材质是凝灰岩，这种黏土一经暴露便会硬化如石。城墙如此坚硬，以至于有些地方竟比帝制与中世纪的教皇制度都要长久，至今仍矗立在火车站外面。随着城市扩张，大部分城区已越至城墙之外。城墙从台伯河开始穿过洼地，一直延伸到卡比托利山西南，延向东北方向，那里地形自然崎岖，防御大大加强。沿着奎里纳勒山，城墙进入奎里纳勒山和宾西亚山之间的山谷。然后，向南延伸穿过埃斯奎利诺山的平原，进入埃斯奎利诺山和西莲山之间的山谷之中。自此，城墙环绕阿文丁山的西南斜坡，一直延伸至老牛市的南部，直到连接台伯河，长达11公里的环路方才闭合。

当西莲山从阿庇安大道的高地逐渐浮现，一片名为"卡梅内亚"供奉缪斯女神的葱郁圣林引领我们走向贯穿城墙的十五座城门之一——卡佩纳门。凯旋的军团从此门进入，但于多数将军而言，进入此门便意味着放弃统帅权力，哪怕他在用凯旋礼庆祝自己的大胜。细观城门轮廓，恐怕就是此处令伟大将军兼恺撒劲敌的庞培感到尴尬吧。

> 庞培欲以四象掣战车（非洲国主之产），以彰凯旋雄风，临近城门，但觉象形颇巨，难入城中，搔首踟蹰，竟弃之。

卡佩纳门穿过城墙,一旁玛西亚渡槽的巨型拱柱平行而至。从东方而来的旅人,必须经过萨拉里亚大道,从科琳娜门——也就是山门进去。

那些前往战神广场和卡比托利山之间繁华郊区的人可能会选择绕过城墙,然后从福禄蒙塔纳门(河门)进入。

罗 马

"城市"的拉丁语是 urbs(类似英语中的"urban"),它来自拉丁语 urvus——犁沟。在这种情况下,犁就是用来建造城址的工具。

****

根据传说,最初,罗马城墙是公元前 6 世纪由罗马第 6 任国王塞尔维乌斯·图利乌斯建造的。

****

罗马内战于公元前 82 年 11 月在科琳娜门结束,当时科尼利厄斯·苏拉率军取得一场大捷占领罗马。

****

萨拉里亚大街比罗马还要古老,是商人将海盐运到内陆的"盐路"。

所有城门都蕴含着浓墨重彩的罗马传说。卡比托利山的西南方是卡门塔利斯门,公元前306年,罗马伟大的法比安氏族人曾在此大战伊特鲁里亚人。罗达斯库拉纳门上插有一对为格弩西斯·西布斯记功的青铜角。当大军行经此门,神谕传言将军回国将发动兵变推翻罗马共和国。为避免神谕应验,西布斯被迫长期流亡在外,直至去世。

> (公元前211年)汉尼拔率二千骑直抵科琳娜门,入大力神庙,鸟瞰城址,虎视罗马。
>
> 李维,《罗马史》36.10.3

三　衣食住行

下榻之所——罗马七丘&住宿类型&卫生设施&医疗救助&服饰&饮食

下榻之所——罗马七丘

抵达罗马后，不妨做番攻略。住在何处，不应仅考虑住宿预算，还需综合考虑房屋形式、邻居品质与卫生间的远近，以及前往攻略名胜的距离。与罗马人会晤前摸清他们的穿着、饮食，不致社交尴尬。招来一位不速之客，无疑会破坏美妙晚宴。

> 那七丘便是女人所坐的山，此女预示伟大之都罗马。
>
> 《启示录》17

罗马人靠山导航。你也许会听说如下语句："奥勒斯住在西莲山上"，或者"这是奎里纳-维米纳尔山谷里一家商店"，所以弄清山的方位至关重要。人人都知道罗马七丘，但现实更加复杂。来吧，让我们从北方开始，顺时针旋转，依次认识每座山。

奎里纳勒山：罗马中上阶层之家。最北之地，在假想表盘的12点方向便是奎里纳勒山，它南面罗马广场，西朝古老的战神广场。北临底蕴深厚的萨罗斯特花园。实际上，奎里纳勒山并非单独一座山，而是古老的东北走向的火山脊系列突出部分之一。在接下来的行程中，我们还会见到

27

火山的其他部分。奎里纳勒山最初居住着萨宾人，而罗马广场则是萨宾人与盘踞附近领地的罗马人会晤之地。如果情况属实，那么萨宾人才是第一批定居于此的人类，因为考古证据表明，至少在罗穆路斯兴建罗马城前两个世纪，奎里纳勒山上便已有人居住。

毋庸置疑，旅客会在奎里纳勒山驻留些许时光，因为它坐拥罗马最佳购物中心。早在韦帕芗将军登基称帝前，其家族便已定居此地，至今你还能参观韦帕芗之子图密善在祖屋原址上兴建的弗拉维家庙。

维米纳尔山：罗马群山的灰姑娘。维米纳尔山比邻奎里纳勒

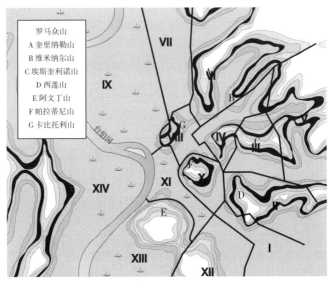

罗马辖区和山丘分布图。寻找最优邮政地址的人可以考虑第二区和第六区。第四区苏布拉区和第十四区特兰斯特贝林区也不是那么破败。如果你想找个折中的地方，不妨前往第十二区和第十三区，第八区和第十区则专属众神和皇帝

山，是火山脊上一处略小（也不那么时髦）的突出地。维米纳尔山的名字源于生长在此的柳树（拉丁语中柳树叫作 vimina）。山中少有石碑或豪宅。虽然贵族们仍然保留了散布山上的部分美居（罗马其他地方几乎也都是如此），但此处房价往往比奎里纳勒山便宜。虽然多数道路从山两旁经过，但维米纳尔门却直通罗马精锐的禁卫军大营。

区域：罗马的邮政编码

自奥古斯都时代始，罗马形成 14 个行政区划。大多数罗马人提到辖区都会指出所在山丘之名，然后才具体到特定社区（vici）。弄清辖区位置，方便与罗马官员打交道。

一区：卡佩纳门（阿庇安大道行经之门）与西莲山间的区域。

二区：主要是西莲山。

三区：埃斯奎利诺山山脚，包括尼禄旧金屋的一部分与罗马斗兽场。

四区：苏布拉区，位于埃斯奎利诺山和维米纳尔山之间的山谷，以及韦利亚的一部分，包括韦帕芗家庙和广场。

五区：埃斯奎利诺山的上斜坡——从城中心出来后的三区后方的地区。

六区：埃斯奎利诺山的大部分区域与维米纳尔山的一部分（除去包含在四区内的地域）。

七区：战神广场之东与皮尼西亚山。

八区：罗马的心脏——卡比托利山和罗马广场。

九区：战神广场西南角，一直向南延伸到台伯岛。

十区：罗马王廷。

十一区：牛市、大赛马场、帕拉蒂尼山和阿文丁山之间的其他山谷。

十二区：十一区以南的居住区。

十三区：阿文丁山及其河边地区，包括毗邻牛市的商场。

十四区：面积最大的区，也叫特兰斯特贝林区，由台伯岛组成，但主要是台伯岛以西的地区，是罗马移民之家。

埃斯奎利诺山：山顶王侯将相，山脚贩夫走卒。此山位于想象表盘的 3 点钟方向。事实上，埃斯奎利诺山区域广阔，下辖几个分区。东北坡上小山脊名曰契斯庇乌斯，西坡为法古塔，南坡为奥庇安。另外有一长脊名为韦利亚，连接埃斯奎利诺山和帕拉蒂尼山。如果在埃斯奎利诺山留宿，旅客需要细查下榻之处。最佳地点位于上方斜坡，自此开始，住宿条件就如地势般走下坡路了。地势较低的斜坡隶属于臭名昭著形似贫民窟的苏布拉区。即便幸免于罪犯毒手，也会死于恶劣的住宿条件。此地夏季易发火灾，冬季房屋容易倒塌。

此山也曾出过一些显赫之才。王政时期，图卢斯·霍斯提利乌斯国王便定居于此，协助终结王政时代的共和国起义者瓦列里乌斯·普拉皮科拉也住在此地。尼禄在埃斯奎利诺山山脚下的韦利亚兴建了豪华（尽管短命）宫宇的前殿，比邻今天哈德良的维纳斯与罗马神庙。

西莲山：富豪俱乐部。西莲山位于山脊最南端，据说得名源于定居于此的伊特鲁里亚探险家卡埃利乌斯·维本纳。此山有两峰：西边大西莲山，北边小西莲山。与所有罗马山丘一样，富豪偏爱山坡，远离谷中噪声、烟雾和灰尘，但西莲山居民普遍较为富有。一座缅怀克劳狄乌斯皇帝的神庙矗立其中，兴建之人是克劳狄乌斯的最后一任妻子（也可能是凶手）阿格丽品娜。此外，皇帝的骑兵卫队也驻扎在此。

阿文丁山：平民之山。阿文丁山位于表盘 7 点钟方向、七座山中最南方。台伯河流经此山西侧，北临古老牛市，东朝帕拉蒂尼山。阿文丁山尤为罗马平民钟爱。由于不满统治者，山民曾两次退到斜坡闹独立。直到公元 49 年，阿文丁山才被纳入城址之内。结果便是，一名罗马怪咖选择下葬在南麓的豪华洁白大理石金字塔以期实现与其埃及祖先共同的永生心愿。由于它在城址外，阿文丁山也拥有大量"异域"神祇的庙宇。但是，这里也有罗马本土神庙，还有座供奉农业女神赛尔斯的古老神庙。多年以来，阿文丁山始终是罗马最有国际化影响的地区之一，大部分山区划归公有，这令许多外来者深深着迷。近来，富人阶层热衷于阿文丁山的美景与附近的码头，纷纷搬入。事实上，从商船上卸载的陶罐多如牛毛，以至于碎片都能在河岸堆积成山——陶器山。

> 似此携酸梅、无花果入罗马之鼠辈，竟在晚宴居吾之上？吐纳阿文丁山高处之气乎？
>
> 朱维纳尔（带有排外情绪），《讽刺诗集》3.80

帕拉蒂尼山："帝王之"宅"。即便在共和时代——具有实际（权力）意义的还是罗马中心的那座山——也是罗马最为古老之山。罗马的必游胜景之一当数罗穆路斯在帕拉蒂尼山西南角的草舍，尽管有人宣称罗穆路斯的小屋位于卡比托利山，但还是有人坚持就在帕拉蒂尼山。诚然，草舍顶上的茅草更换过一两次，原墙毁于火灾，顶梁也因腐烂更换，但这无疑就是罗穆路斯的居所。帕拉蒂尼山占地 10 公顷，一切价值不菲的豪宅美居都在此处，山顶平坦，两峰耸峙——帕拉蒂尼和杰摩勒斯。一名叫霍腾修斯的演说家在西北角有一寓所，其后被奥古斯都皇帝所占。正如罗穆路斯居所那样，虔诚的后人在伟大房主去世后仍然将其保留。迄今为止，时移世易，一位后世作家评论道，多数家具粗糙简陋，即便在当时馈赠他人，也无人接受。

奥古斯都将帕拉蒂尼山（Palatine）变成罗马政府，由此衍生出"宫殿"（palace）一词。除皇家与奴仆、侍卫住所外，大部分山区都归属政府。山顶有座阿波罗神庙（由奥古斯都建立），山脚矗立着一座朱庇特·斯塔托尔神庙（据说由罗穆路斯所建）。如今，遗址上的大部分建筑，包括山顶一座巨型斗兽场，都是图密善及其建筑师拉比里厄斯的作品。

卡比托利山：罗马庙宇和要塞。从帕拉蒂尼山出发，朝 11 点钟方向，我们便能抵达台伯河南侧与罗马最古老的堡垒——卡比托利双峰山。一般罗马人将整座山称为卡比托利山，但该词应该只指南部山峰。另一座山峰名叫阿克斯。两峰间的鞍部矗立着一座古代神庙，供奉神圣的阿昔利乌斯（Asylaeus），最初罗马人曾在此庇护避难者。正如帕拉蒂尼山衍生出"宫殿"、卡比托利山（Capitoline）衍生出"首都"（capitol）这两个现代词一般，从阿昔利乌斯衍生出的庇护（asylum）一词也已成为日常语言的一部分。

罗穆路斯设一寓所。自朱庇特神庙下行，漫步林荫，觅得幽所。

李维，《罗马史》1.8

于罗马人而言，罗马中央、帝国象征当属朱庇特神庙——卡比托利山的朱庇特神庙：典雅之极，宏伟之至。神庙建在王政时代末期塔奎人建造的地基上。共和

三　衣食住行

罗 马

墨萨琳娜，克劳狄乌斯皇帝的淫后，在以叛国罪被捕前，在奎里纳勒山上的萨罗斯特花园自杀。

* * * *

许多罗马人认为埃斯奎利诺山闹鬼，因为这里有座古墓。

* * * *

罗穆路斯的弟弟雷穆斯（Remus）对从何处建城有自己的想法。如果当时事情发展有变，我们今天可能谈论的就是建立在阿文丁山之上的强大的雷姆（Reme）城了。[1]

* * * *

在诸帝之前，帕拉蒂尼的著名居民包括西塞罗、庞培、马可·安东尼与亿万富翁马库斯·克拉苏。

1　罗穆路斯（Romulus，约公元前771年出生，约公元前717年去世）与雷穆斯（Remus，约公元前771年出生，约公元前753年去世）在罗马传说与神话中是一对双生子。两兄弟曾在罗马城选址上发生过争执。罗穆路斯在帕拉蒂尼建筑了罗马广场，因此希望城市建于此，而雷穆斯却在阿文丁山上选了一片坚固的地区。两人各不相让，发生了一场混战，雷穆斯在混战中被杀，罗穆路斯因此得以独自称王，城界也便选为帕拉蒂尼，这城便以罗穆路斯的名字命名为"罗马"。

国晚期社会动荡，神庙付之一炬，但在公元69年的内战中，重建的神庙再次被毁，如今留下的样式成形于图密善皇帝时期。在阿克斯峰，你会发现朱庇特配偶朱诺的神庙以及观星台，城中巫师会来观星台观察天象，如飞鸟行空或天降流星。谈到落地之物，卡比托利山上有块臭名昭著的塔尔皮亚岩石，在这里曾处斩罪犯和叛徒。按照罗马法律，正义不仅需要伸张，还应尽量公示于众。

卡比托利山甚至比帕拉蒂尼山更不宜居。此山作为罗马的宗教与国防中心，拥有一座巨型档案馆，其中收藏了元老院的会议记录。

其余三座山虽不属于罗马传统的七丘，但对城市生活也非常重要。顶级富豪居住在皮尼西亚山，四周庄园宏伟至极，以至于人们有时将此山称作花园山；贾尼科洛山，罗马人曾将此山视作北部边防线；还有梵蒂冈山，罗马人主要是因为附近的尼禄竞技场才知道梵蒂冈山，而且他们对朝圣者前来参谒的所谓圣彼得墓半信半疑。

基督（在当时可能被称为Chrestus）使徒也许会在特兰斯特贝林区的黎凡特人和犹太商人中寻找住处。特兰斯特贝林区位于城址外台伯河西岸，是一处顶级的国际化商区。

住宿类型

你在罗马下榻之所取决于预算、需求，以及预期停留时间。大部分罗马生活区都对外出租，大多数房东都乐意对外月租、周

三　衣食住行

租，甚至时租（对于特殊需求）（参见"妓院"，第112页）。空置的出租屋墙上随处可见各类广告，例如这条庞培古城的广告。

> 自七月一日始租
> 店址位于街前，内陈柜台
> 二层奢侈寓所，另有联排别墅
> 您若有意，可招奴隶共清店面

但相较租房，旅客更愿意选择朋友提供的寓所；最好是在一座条件较好的山上，海拔略高，微风拂面，但也不要超过渡槽供水的极限。

在繁华街道上，这类房屋前面往往建造隔间作为商铺，售卖各类衣服、工艺品或小吃。在较为安静之处，通常将离地1.5米之内的墙体漆成红色，其余白色。这道无窗、堡垒般的外墙坚固异常，唯一入口便是一扇坚固木门，里面有一名看守站岗——这提醒人们，夜间的罗马可能是个法外之地。讽刺文学作家朱维纳尔曾说，"若外出就食，不立遗嘱，麻烦至矣"。在回家途中，如果没有比头上淋了一桶泔水更糟的情况出现，你当心存感激。镇上随处都是粗暴醉汉，不打人便睡不好觉。罗马读者可以在阿普列乌斯的小说《金驴记》中体会到这一点。该小说故事背景虽然不是罗马，但它提醒我们，有扇坚固的大门非常重要。

> *行至第一大街，火把已燃尽……暗中跟跄前行，难寻回家之路。及至门前，惊见三壮汉撞门而入。鼠辈竟敢视吾如无物，奋力凿门。吾从未见此厚颜无耻之贼，遂拔篷下宝剑与之搏斗……*
>
> 阿普列乌斯，《金驴记》11

35

罗马寓所。大多数人住在这样的房子里，底层有便利的商店和餐馆，较好的住所在一楼。较低楼层的墙壁有1.8米厚，因为它们支撑着建筑的其余部分。这使得它们能很好地隔音阻温

房内第一个房间是门厅。通常是道狭长的走廊，用来存放外出穿的衣鞋，但在更有地位的罗马人的房里，这是半公共空间。早间，访客聚在此地表达敬意和请求。油灯闪烁，或能照亮地板上马赛克镶嵌画上的好客条文，比如"欢迎光临"，或是那款广受欢迎的古老马赛克镶嵌画，镌刻一句"留意猛犬"。在前庭外，我们可以看到，与他们的乡野远亲一样，城镇房屋也围绕着中庭建造。中庭露天设置，方便排除炊烟，也有利于收集雨水，补充生活用水。

> 有何比公民之家庭更为神圣，更能增强对宗教的敬畏之心？
>
> 西塞罗，《论家庭》109

中庭一侧的小隔间用来休憩、阅读或睡觉。即便在巨室中，小隔间也仅有斗室大小。原因在于罗马人的生活公开敞亮，或置身家族中（通常非常广泛），或与好友

同事共处。在一座连排便都可能发生在社交场合的城市里（参见"卫生设施"，第39页），不要期望有太多可供休憩的私人空间。孩童围柱嬉闹，牙齿脱落的老祖母拥炉烤火，奴隶们忙作一团，表姐妹们、姻亲和其他女性亲属们围在一起做女红、八卦聊天（大家庭内部成员的关系可能非常紧张，女主人的职责就是保证一切井井有条）……大多数罗马房子里生活气息都非常浓厚。

正好借此机会来介绍另一个在罗马生活的问题——噪声。

> 居此城中，无一静处，困顿之人难得片刻休憩。罗马教师凛然可惧，每日清晨，乃至拂晓前，面包师必吵醒吾辈，（罗马课程自拂晓而始，偶尔户外上课）。铜匠敲锤磨人神经，银币兑换商懒敲钱币，桌案肮脏。彼侧，有人持铁锤捶一西班牙金币，金光闪耀于陋石之上。
>
> 马提亚尔，《隽语》12.57

> ……入夜……
> 呜呼，罗马城中，患者竟因乏眠而死……小车行至逼仄弯折之深巷，吱吱作响，驭者诅咒不停歇，聋哑之人亦清醒。
>
> 朱维纳尔，《讽刺诗集》3.232、236–238

> 即便北风之神莅临，亦叹吾房中通风之畅。
>
> 马提亚尔，《隽语》8.14
>
> 吾眠于阁楼之上，与鸽共享此间，顶上雨水渗漏，吾亦瑟瑟发抖，竟不觉阁楼火起。
>
> 朱维纳尔，《讽刺诗集》3.200–202

罗马

伟大的罗马家庭在前厅悬挂蜡制的死亡面具,向客人展示家族光辉史,并激励当代子孙昂扬奋斗。

****

四分之一的罗马空间都是公有的,余下三分之一被近2000座城镇房屋占据,而绝大多数罗马人都住在剩余(最不理想的)区域的群屋区(insulae)。

****

西塞罗曾经谈到必须整修租寓。房屋摇摇欲坠,甚至老鼠都不愿长居。

部分出于防噪声考虑,一些城镇房屋的正面相对较窄,向后延伸到距离街道相当远的地方,花园在远处尽头。

罗马的城镇房屋数量远少于大公寓楼,六到八个公寓楼组成一个被称为群屋的街区。它们聚集在山谷和矮坡上。从漏风的床榻到设备齐全的多室公寓,这些房屋的质量参差不齐。

理想公寓在一楼,安全无贼,便于输运水和物品。它的高度

三 衣食住行

也足够低,当发生火灾或部分倒塌时,寓居者可以迅速逃往安全处。

图拉真敕令公寓楼的高度须控制在18米(通常为5层)以下,尼禄也颁布了防火法令。但一定要记住:租房前务请详查细究。

卫生设施

罗马人习惯将污水坑建在离井很近的地方,这让人很不舒服,所以当你知道罗马本身有一个庞大的地下管道系统,定期用来自沟渠的废水冲洗污水时,便会松一口气。罗马最古老、最大的下水道是马克西玛下水道。它位于罗马广场下方,宽阔到足以通行航船。许多公寓楼都有重力排污装置,连接地下水道或中央污水池,但也有许多公寓楼使用久经考验且值得信赖的夜壶。其他地方,人们只是随意将污水泼到街上,因此有些街道铺有大量小垫脚石,以免公众弄脏双脚。

热衷购买尿酸的漂洗工曾在街角放置大瓦罐接受公众捐献,他们常常暗地里深恶韦帕芗(Vespasian)皇帝对尿酸收费的法令。(这也就解释了为何直到20世纪晚期,现代巴黎还一直称呼类似设施为Vespasiannes)。顺便提一句,在韦帕芗早先还只是一介主管街道清洁的官员时——他工作得很糟糕,以致卡利古拉

> 某人终日坐于马桶上……无病无疾,待邀赴夜宴。
> 马提亚尔,《隽语》11.77

39

皇帝下令用道路上的垃圾塞满韦帕芗的长袍。

你可以试图找到邻近公共浴池的房间，在那里，浴室废水源源不断地流到马桶座下方，马桶座基本上是条长凳，上面凿有方便之孔，你可以坐在上面与其他同伴交流当天的八卦。但是要当心爱胡闹的青年，他们会偷偷点燃一卷浸过油的羊毛，扔到马桶座下。当燃烧的羊毛漂到你屁股下方时，你这一天就毁了！

医疗救助

那些对罗马或整个古代世界医学知之甚少的人，我衷心建议你们应该认真对待自己对罗马导管与医疗器械的无知。对于那些在罗马意外生病的人，最好的忠告便是——不要患病。

罗马几乎饱受一切疾病与感染的威胁。虽然梅毒与黑死病似乎不在统计之列，但结核病、麻风病和破伤风却足以取而代之。试想令人尊敬的阿雷泰厄斯医生对治疗破伤风医生们的建议："当此之时，祈请神灵结束一个人的生命实际上是可以原谅的。你无法拯救病人，你无法减轻他的痛苦，你甚至无法在不切断或折断他的四肢的情况下使他伸直。"

那是一个没有抗生素的世界，偶然擦伤便会导致血液中毒和败血症，急性阑尾炎常常夺人性命。看看这一系列疾病，人们可能想要弄清罗马人如何能够长寿，答案是许多人都活不长。任何成年的罗马人都是凭借极其强大的免疫系统才能长大成人的。婴儿死亡率高到可怕。罗马人要超过40岁才能成为元老，而初生婴儿的平均预期寿命低于30岁，任何一个成年罗马人都绝对称得上是位幸存者。

虽然罗马人基本无力治病,但也了解一些避免患病的方法。他们知道最好避开沼泽,哲学家卢克莱修

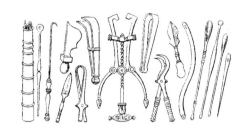
医疗器械

给细菌下了这样的定义:"微小之物,肉眼难以视之,悬于空气之中,经口鼻入体内……遂致重疴。"

罗马人重视饮水清洁、良好膳食与健康运动。声名卓著且颇有影响的医学作家盖伦曾道:"体健源于善养生。"事实上,任何病人都可以询问主治医生是否是盖伦的信徒,因为盖伦大体遵循希波克拉底誓词——"首要之义勿害人"。

并非所有医生都是如此。一段铭文记录了一位驼背病人遭受的治疗,那位医师"在驼背患者脊柱上放置三块巨石"。最终,这个人被压死了,但铭文却很刻薄地写道"彼逝之日,脊如玉直"(《希腊文集》9.120)。

老卡托警告儿子须提防医生,称他们是发誓要消灭罗马种族的阴谋家。然而,卡托坚持认为,生养一个健壮孩子最好的方法就是经常用只吃卷心菜的人的尿液给他洗澡(令人讨厌的罗马人总爱一本正经地幽默,我们很难确定卡托在此有多严肃)。

许多医生的处方中不仅有药材,还有祈祷与护身符。但是该建议必须要在常规处置的基础上实行。这自然毫无害处,但谁又知道呢?或许它真的有所裨益。

靛蓝(一种古代英国武士将身体涂蓝的染料)是一种有用的

防腐剂，远优于许多罗马人使用的葡萄酒和醋。烧伤和烫伤通常可用葡萄单宁治疗，包扎伤口时，在绷带下方放置某种树胶能够减缓大出血。对于蚊虫叮咬感染、溃疡类问题，罗马人发明了一种非常有用的炉甘石洗剂，罂粟汁也能够用来止痛。严重牙痛的患者可用罂粟皮敷在感染部位（记住，涂上膏药后要吐出口水，而非吞咽唾液——因为人体系统能够吸收的麻醉剂剂量有限）。

塞尔苏斯说，"凡被叮咬，皆有毒素"。被咬之人通常会立即用醋擦拭叮咬之处。不幸的是，狂犬病非常麻烦，罗马人唯一的治疗方法是立即烧灼被咬处，必要的话，立刻截肢。正如塞尔苏斯所说，一旦患了恐水症，医生纵然能将水强行灌入病人体内，但也无法阻止致命的痉挛，因为该疾病会侵入神经系统。

服　饰

除非是正式访问，否则没有必要穿托加长袍（toga），而且只有罗马公民才有权穿长袍。但穿上长袍，夏季热得令人窒息，冬季又四处透风。托加很重，由羊毛制成，宽3米，高度是主人身高的三倍（约5米）。长袍呈大半圆形，穿时先将直边放在左肩，并包住背部。而后穿过右肩，回到左肩。它没有系扣，除非左肘一直弯曲，否则衣服就会散开。

经验丰富的托加爱好者可通过折叠长袍得到很好的褶皱效果。小心翼翼地沿着直边折叠，直边在右臂下方穿过，便形成了一个大而舒适的口袋，叫"折裥"。然而，这些花里胡哨的穿法通常是由一个专职奴隶帮助主人穿上的。他们可能还会折叠出一个额外的下垂，形成一顶小帽，如此一来，佩戴者便能在献祭时遮住自己的头（在特定场合献祭是国家官员与户主的职责之一）。

托加的类型与穿着场所

Toga candida——参加选举时所穿（比如他是一个候选人）

Toga virilis（or *pura*）——公民未经染色的灰白色托加

Toga praetexta——未成年人和治安官所穿

Toga pulla——工人或默哀时穿的黑色羊毛托加

Toga picta——凯旋的将军和皇帝穿着的紫色托加

Togatrabea——祭司穿着的有条纹的托加

每位罗马男性都会在特定场合穿托加。在成年礼上，他们会穿加冠托加。结婚时他们也会穿着托加。去世时，托加变成了裹尸布。对于女性，只有妓女才会穿某种托加，而良家妇女则身着斯托拉（stola，一种长至足踝的外衣）。

斯托拉由前部和后部缝合在一起，呈筒状造型。它的顶部由两个胸针连在一起，头部和臂部均单独打孔。一条叫"若那"的宽腰带系在胸部下方，撑出裙子造型，不过这条腰带通常又被一条叫"帕拉"的方开襟毛毯式披肩遮住。不同于男性托加的等级森严，女性斯托拉的颜色只取决于自身品位与可用染料。大多数染料来源于蔬菜或矿石，且不固定。因此，尽管红色、绿色、蓝色和黑色都有出售，但连衣裙往往染成纯色。对于那些必须有两种颜色的衣服，其中一种必须是紫色、蓝色或红色。有一种从某种蜗牛身上提取出来的固定染料，稀有罕见，珍贵异常。

如果你认为女性的衣服种类不多，不如读读这段叙述：

> 女裁缝、珠宝商、毛料工——皆游荡于附近。或有商贩着紫黄交错之荷叶纹衬衣，面纱、手套或香脂之履。稍后，内衣店主开门，制鞋商、蹲式鞋匠、拖鞋、凉鞋商贩及锦葵染料商亦至；腰带、妇女紧身褡制造商同至。你以为贷款已还清，然而数百织工、织女（花边）、家具商突然出现，众人如狱卒，守于前厅，迫你还贷。无奈只得请众人入门算账。及见藏红花伙计成群结队而来，你心中默念："幸好贷款已还清。"
>
> 普劳图斯，《金罐》508-522

在私人场合，各个年龄层与社会阶层的罗马人都穿束腰外衣（tunic）。这些基本上是齐膝的T恤，中间束有一条腰带。罗马人将随身之物系在腰带上，所以罗马盗贼常用的伎俩就是割断别人腰带，然后抓住落地之物。元老们的束腰外衣有一道宽条纹，用以标志身份，同样的条纹在托加上也

罗马家庭的着装引人注目，而不是穿普通的束腰外衣（注意这位女士谦逊地裹着双脚）

有。等级仅次于元老的骑士也有条纹，只是略窄一些。

大多数人都穿着缠腰布，字面意思是"下身缠附之物"。尽管花费不菲，且有颓废之嫌，但为舒适起见，丝绸衣服物有所值。对于女性来说，作为胸罩原型的胸带（mamillare）也是如此。

女士脚上可以穿任何喜欢的鞋子，由于斯托拉足够长，所以无论如何都可以将鞋子藏起来。热血的罗马男人常常瞥一眼情妇玉足，就会欲火焚身，浮想联翩（最好能与佳人同床共枕）。一般而言，凉鞋对男性女性都是标配。当你走在城里的时候，选择一双能够围裹住双脚的凉鞋是明智的（而且应当总是藏在长袍下面），但当你进入室内，记得换上更为轻便的丁字凉鞋——没有人想要让街道上的污渍玷污漂亮干净的马赛克瓷砖。

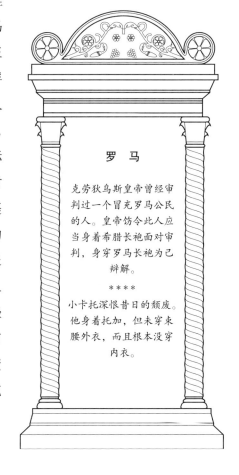

罗 马

克劳狄乌斯皇帝曾经审判过一个冒充罗马公民的人。皇帝饬令此人应当身着希腊长袍面对审判，身穿罗马长袍为己辩解。

****

小卡托深恨昔日的颓废。他身着托加，但未穿束腰外衣，而且根本没穿内衣。

饮　食

尤利乌斯·塞利亚利斯，若无他约，不妨来我家就餐。餐后可共赴浴室，沐浴至八时（你知道斯提法努斯浴室离我家很近）。〔罗马晚餐在下午稍晚时候，浴室内置日晷，客人可以知道时间。〕

你可先食生菜……韭菜嫩叶，咸金枪鱼，其形大于小蜥蜴鱼，另一鱼配鸡蛋、嫩叶。及至余火中温，煎烤鸡蛋，另有贝拉布兰大街上所制奶酪，皮采尼亚霜冻之橄榄。这些只是开胃菜，你想知道其余吗？为了让你赴约，我来编造一下：鱼、贻贝、母猪乳房、肥壮的家禽和饱食的野禽。

马提亚尔，《隽语》11.52

食物对罗马人而言很重要，而且用餐往往是种社交场合。尽管马提亚尔展现了一顿幻想中的大宴，但在大多数罗马人的饮食中，肉类并非重要之物，蔬菜、奶酪更加丰富。随着经济日益繁荣，许多罗马人每周至少吃一次肉，通常是家禽，也有猪肉与牛肉。（或者两者一起出现在"特洛伊猪"中，——这是一种体内塞满各种肉类的乳猪。）

城镇住宅通常自备厨房。煮东西有不同大小的锅，而炉子是黏土做的蜂箱造型，用木头或木炭加热。当加热到合适温度时，刮掉炉渣，放入食物。大多数公寓禁止烤箱，理由很合理，这些地方本来就容易发生火灾。大多数公民直接把从磨坊主那里拿到的国家配给的粮食送到面包师处，然后将（烤好的）面包带回家。

穷人没有余钱加工粮食，主食只有煮熟的小麦粥。为赈济贫户，政府指定某些街道为食品集市，这些集市定期活跃在城中，替代鳞次栉比的服装与农产品摊位（参见"购物之所"）。然而，如果你想要鲜鱼，最好去一座固定集市，铺主会在沉重的石桌上挖洞盛满水，里面有活鱼游动。请记住，地中海周边缺乏鱼类赖以生存的近海大陆架，因此鱼类稀少，价格相对昂贵。

在罗马工薪阶层聚居的山谷中，基本上，每两家街铺中就有一家餐馆。有些餐馆出售罗马少数民族的特色小吃，有些则为在遮阳棚下休憩的顾客供应套餐，免费供应葡萄酒与从非洲和巴尔米拉进口的椰枣等美食。不妨试试一种叫"dulciadomestica"的美味甜点，去核的大枣里面塞满了用果汁或葡萄酒浸泡过的果干、坚果、

罗 马

罗马没有西红柿、土豆、花生、大米、蔗糖、巧克力、蒸馏酒和意大利面。

****

有些食物来自很远的地方——香料来自东方，核桃和特色面包来自波斯。

****

蜗牛是一种美味；有专门的农场大量饲养蜗牛。

我痛饮美酒，大快朵颐，与佳人约。

普劳图斯，《索西克利斯兄弟会》476

蛋糕屑和香料。

罗马人喜欢在食物里添加多种香料，也许因为当时人们对保存食物只有初步想法，认为浓香可以掩盖食物变质的事实。大量菜肴含有的辣味鱼露通常从西班牙或中东进口。要充分享受鱼酱的浓味，就必须知道酱汁的制法。将鱼的内脏与小鱼（如小鲱鱼或凤尾鱼）放入一个大缸中腌制。待混合物发酵一段时间，再放到一个向阳的大浅盆里（此时可以加入葡萄酒）。一两个月后，用一个密织的木篮子过滤，在混合物装入陶罐前，加入煮过的葡萄汁，然后便能运往罗马供君品尝了。

在开胃菜中，蜂蜜和水果别具特色，于是罗马菜式中多了一种酸甜之味。一位罗马烹饪作家阿皮修斯的作品流传了数个世纪，我们用两段叙述来结束这一节。第一段是阿皮修斯的食谱（部分已经被翻译成21世纪的术语），第二段

啮齿动物

瘦猪肉

睡鼠肉屑（如果您没有睡鼠，沙鼠或仓鼠都可以）

黑胡椒粉

混合坚果

几片芝麻菜叶子

少许番茄酱

捣碎混合物，直到形成适合塞入睡鼠的粗糙糊状物，将填好的动物塞入土制砂锅中烹煮。也可放入烤箱（注意不要烧糊耳朵）！

三 衣食住行

罗马炊具

是普林尼元老准备的一顿豪华大餐。

> 朋友！你约好吃晚饭，却爽约失信。正义必得伸张——我为你花的每一分钱，你都要还给我，这可不是一笔小数目。如果你们想知道，我已列好：一棵生菜，三只蜗牛，两个鸡蛋，一个大麦饼，还有一些甜酒和冰（冰必须要向你们收费，因为它已在沙拉上融化）。橄榄、甜菜根、葫芦、洋葱，还有其他一千种同样丰盛的佳肴都在等着你……
>
> 普林尼·西昆都斯致塞普提乌斯·克拉鲁斯的信，11

四　社交活动

外出就餐&与人会晤&罗马称谓&社会秩序&
奴隶&家庭

外出就餐

罗马城内寓居着大量外国人，因此给予外来社交无能者一定宽容。尽管如此，罗马社会的势利与阶级意识仍令人惊讶，所以最好尽量减少失礼次数。

> 相聚之时，我发型凌乱
> 出自拙匠之手，你讪笑不已；
> 或为我衣襟不整；
> 或因我外衣簇新，而罩衫褴褛

贺拉斯，《书札》1.1

有备无患，须先知晓罗马社会与文化，尤其是在罗马社交的台面上——晚宴。

一位来罗马的陌生游客或许会收到许多晚餐邀请。这既非施舍，也非寻常招待。因为晚餐是一个很好的调查外来者的机会。而且晚餐主人可以就此观察自己与外来者能否建立某种互利关系，或是外来者的异国情调能否取悦主人的其他来客。

在收到类似邀请后，需仔细询问送信人。他们早有预料，并已准备好说辞。例如，询问邀请参加的是备满山珍海味的晚宴，或者只是略备小吃的酒会。如果是晚宴，询问一下酒是否属于"希腊风格"（酒精浓度偏高），如是，你可能需要提前筹备如何安全返程。如果是私人会晤，晚礼服穿件束腰外衣足矣，这种束腰外衣被称为更正式午餐的综合服装。除非是非常正式的场合，否则仅穿长袍即可。

客人需要自备餐巾，通常是大号的。罗马人基本上只用叉子做饭和上菜，大多数时候用手吃饭。鉴于他们偏爱香料与酱料，晚餐确实非常混乱。用餐结束，主人通常会邀请客人带走任何特别喜欢的剩菜，所以餐巾也能用作打包袋。

一般而言，体面的女士不会独自应邀外餐，但有可能会与丈夫一起赴宴或待客。相反，女士们常常在晨间与朋友们齐聚一处。

棱特鲁斯宴会之后，胃中翻江倒海……我已决心不食牡蛎和七鳃鳗，奈何食欲难忍，终被甜菜打败。

西塞罗致朋友的信，7.26

晚宴少有逾时——毋庸置疑，赴宴者可能在黎明前一小时左右就起床了。诚然，罗马人都习惯早起，他们对早餐前工作数小时习以为常，对拂晓前往别人家中做生意也毫不介怀。孩子们从家出发去上学，商人们准备开业，忙碌的家奴早早叫醒大伙，故而在午后，多数罗马人已经准备好在休憩中度过一天中最热的几个小时。

之后他们会去沐浴一番。过去，大多数罗马人每隔一个集市日（即每九天）便会洗热水澡，现如今这个颓靡的时代，大多数人至少每隔两天就会泡一次澡。他们在高温浴室里泡澡，然后在温水浴间冲凉。接着，大约在白天的第十个小时，罗马人准备赴晚宴。

> 犹太人，叙利亚人和罗马人，对食物的看法全部都是对的吗？
>
> 爱比克泰德，《论说集》1

> 若你不介意躺在阿奇亚沙发上，不介意用不大的盘子吃一顿没有肉的晚餐，我希望你在日落时来我家做客。
>
> 贺拉斯，《书札》1.5

客人到达后，换上便鞋，一位特殊的服务员（一种古老的领路人）前来迎接引导至其专管的躺卧餐厅（尽管在一些较老或设施较差的房子里，仍在中庭用餐）。因为用餐是罗马社会生活的重要组成部分，所以主人家装修极尽奢华。地板上也许有幅马赛克画，幽默地展示了掉在地上的食物或狩猎的场景。请不要对头骨甚至一具完整骨架或葬礼场面感到惊讶。罗马人认为，如果他们在充分享受生活的同时，还能意识到生活可怖的一面，将会更加刺激。

最好的餐厅都开在一边，或可饱览城市风光（如果主人住的地方离山够远的话），至少能见到自家花园。墙上壁画常常有花园或乡村主题，所以用餐者尽可天马行空想象，飞出城墙，抵达阿卡迪亚山的林中空地，徜徉乌托邦夜宴。虽然房间优雅清丽，但主人家也许并非每天都在此用膳，而是与妻子、孩子们在一间较小房间里吃饭，也许还有几名讨人喜欢的自由民做伴。虽然户主在这种场合可能会使用沙发，但极有可能，每个人都坐在简单而实用的椅子或凳子上。

青铜座椅

躺卧餐厅主要由三张沙发组成，一张靠在后墙上，可以俯瞰全貌，另一张靠在左边，第三张靠右，第四面敞开，便于用餐者欣赏风景和仆人近桌服务。

躺卧沙发是大型物件，至少可供三个人靠在上面，大家以手支额，与桌子成45度角。如果女主人出现在此，她会坐在椅子上，随时准备处理家务。

客人一抵达餐室，就会被安排在各自位置上。主人斜靠在左边沙发的顶部，这样他的头就能靠近晚宴上的主要客人，后者则坐在靠后墙的沙发上，并坐在离主人最近的一侧。另外两位受欢迎的客人被安排坐在上座，而另一对略微不受待见的客人则会与主人共用一张沙发，对面沙发则留给剩下的三位客人。

晚宴

> 布鲁图斯诚邀三五好友，卡修斯遂开一晚宴。众客入座，法沃尼乌斯方沐浴毕，径入此间。布鲁图斯怨道：此乃不速之客。遂命仆役带其至远处，法沃尼乌斯不从，径入众人之间，居中而坐。
>
> 普鲁塔克，《布鲁图斯的生平》34

这顿饭可能会从供奉古罗马的家庭守护神拉列斯开始。罗马宗教神圣无上，这意味着在罗马世界里，一众小神祇遍布田野、溪流与树林，家家户户都有守卫健康与财产的保护神。

盘子和餐具也许千差万别——它们可能是木头、黏土、锡、青铜、银或金的。有些主人表现出传统罗马人的克制，即便买得起更好餐具，也会将食物放在黏土餐具或木盘中（曾经有一段时间，家藏大量金银餐具都属于违法）。还有一个实际考虑，那就是黏土、木头材质的餐具保温更久。注意萨摩斯陶器上独特的红黏土，主人会小心地指出，虽此盘是用黏土做的，但这是用钱能买到的最好黏土。

自从公元1世纪中叶发明吹制玻璃技术以来，愈来愈多的玻璃器皿用于饮器。餐用葡萄酒是一种添加蜂蜜的冷白葡萄酒。将其与小面包卷结合享用，可以在味道浓郁的菜肴间滋润味蕾，也让你有能力在饭后品味质量更高的葡萄酒。

第一道菜（gustatio，通常是鸡蛋、芦笋沙拉、咸鱼或睡鼠）是在闲谈之际上桌的，用餐者相互交谈，并注意主人对彼此的行为举止。

> 我碰巧与一位男士共进晚餐……他所谓的优雅节俭，

四 社交活动

在我看来却是豪奢之举。珍馐美食供给主人、贵客，其余宾客只能食用其余的便宜菜品。

他甚至把装着三种酒的小酒壶拿出来，客人根本没有选择的机会。一个是给他自己和我的；其次是等级较低的朋友（他是根据关系亲疏来衡量的）；第三个是给他的自由民和我的。我的邻座注意到这一点，问我是否同意。我不以为然。

"那么你的方法是什么？"他问道。

"我一视同仁，因为当我邀请客人吃饭的时候，没有分别心，我什么都给他们同样的待遇。"

"即使是自由民？"

"当然，因为他们是我的同桌伙伴，而不是自由民。"

"你必然花销不菲。"

"非也……我的自由民不喝我喝的那种酒，我喝他们喝的那种酒。"

普林尼，《书信集》2.6

主菜是肉、野味、家禽，以及混合物，都浸在辛辣的酱汁里，难以判断为何物。这取决于用餐者对美味佳肴的态度，比如用牛奶养肥的蜗牛或煮熟的孔雀脑，他们或许认为能享用是种福气。至少食物被放在桌上小碗里，这样用餐者可以挑选欲食之物。

银碗和长柄勺

> 我不会强迫你观看加的斯魔女扭臀翘腰,淫歌艳舞;
> 我的奴仆康杜利乌斯善于吹笛。
>
> 马提亚尔,《隽语》78

晚会的气氛取决于娱乐节目。众人或朗读哲学家著作,或弹奏西塔拉琴,或创作诗歌。罗马人颇为重视文化教养,蔑视那些在非高端晚宴上表现粗俗无礼的艳舞女郎(最好的来自加德斯,如今的加的斯)。

甜点早有准备,也许是高档甜食、糕点、新鲜水果和坚果。

而后,稍事放松,品尝来自高卢、西班牙或意大利的葡萄酒,观看当晚的主要娱乐节目,可能是剧作家普劳图斯的滑稽喜剧,也可能是小丑、杂技演员,甚至一些角斗士相互竞技。谈论生意相当无礼(既然客人们已经见面了,明天就可以谈),

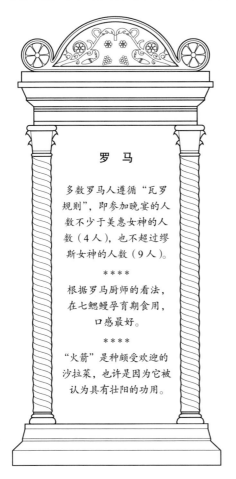

罗 马

多数罗马人遵循"瓦罗规则",即参加晚宴的人数不少于美惠女神的人数(4人),也不超过缪斯女神的人数(9人)。

****

根据罗马厨师的看法,在七鳃鳗孕育期食用,口感最好。

****

"火箭"是种颇受欢迎的沙拉菜,也许是因为它被认为具有壮阳的功用。

但交流哲学、社评和插科打诨非常流行。普鲁塔克和格留斯两位作家写了一堆关于这种饭后谈论的书。一场欢乐夜宴可能会持续至午夜时分（听起来还不错，但明天的起床时间依然是凌晨 4 点——而且你还得回家）！

与人会晤

罗马人对异乡人来自何方、所做何事非常关心。罗马人第二次会面的反应取决于第一次交谈时判断此人是否值得结交。Amicitia 通常被翻译为"友谊"，但罗马哲学家塞涅卡将其解释为"互帮互助"，该说法更加贴切。Amicitia 的意思是和 anamicus 交换礼物与恩惠（在这里的意思是介于"朋友"和"有用的联系"之间的东西）。罗马社会由这种"友谊"网络组成，相互施惠是罗马的社会硬通货。

> "可是，这活儿不配我呀。"这是你考虑的问题，不是我考虑的问题。因为只有你了解你自己，了解你在自己的眼里到底有什么价值，了解出卖你自己需要多少价钱——因为不同的人出卖自己的价钱是不一样的。
>
> 爱比克泰德，《论说集》1

这可能相当复杂。例如，如果一位朋友请求某人帮他另一位朋友一个忙，接下来就需要进行微妙的谈判，以确定这对朋友以及朋友的朋友具有多大价值。如果一个人只知索取，却无回报，那么他可能会逐渐沦为低级被庇护者。被庇护者无须回报实物，但要承担义务，例如在需要时提供贷款（许多被庇护者合起来能贡献一大笔钱），以及在公共场所为庇护者站台造势。一位明事理的被庇护者会在晨间来恩人家请安。

> 我们将毫不犹豫地为那些将来能帮助我们的人提供周到的服务。
>
> 西塞罗，《论责任》47

见面时，被庇护者有机会向庇护者倾诉他的困难，而庇护者则在其他被庇护者中寻找最佳对象。因此，如果法布利乌斯告诉其庇护者，自己的女儿正在寻找一位合适的丈夫，庇护者可能会询问另一位被庇护者斯塔提乌斯，其子年龄相当，社会地位门当户对。为了方便理解情况，庇护者的字面意思是"大父"（big father），但也曾被翻译成影响深远的"教父"（Godfather）。

标准的罗马问候语是 ave，意思介于"致敬"和"你好"之间。所以如果罗马人遇到一个叫玛丽亚的女人，会用"ave Maria"来问候她。然后他可能会问"quis agis"？意为"你近来可好"？告别时用"vale"，一个行色匆匆的罗马人也许会快速地问候朋友"ave atque vale"，大意是"嗨，再见"。

一位重要的罗马人士必须记住许多"朋友"，他们身旁常伴有一个擅长记忆的奴隶，每当他人走近，奴隶便会低声说出此人姓名及相关细节。

罗马称谓

现在，我们来谈谈罗马称谓。一个罗马男人通常有三四个名字，而罗马女人只有一个。罗马人的首名通常只用于密友与家人之间。例如，尤利乌斯·恺撒、奥古斯都与卡利古拉都被他们的母亲称为"盖乌斯"（更复杂的是，"盖乌斯"通常缩写为"C"。所以盖乌斯·尤利乌斯·恺撒被写成 C. 尤利乌

罗 马

有一次，一位颇有争议的政治家李维乌斯·德鲁苏斯问他的朋友："你近来可好？"得到了令人难忘的回答："德鲁苏斯，直接说吧，你意欲何为？"

****

奥古斯都皇帝的奴隶记不住皇帝遇到的人的姓名，因此他失望的主人挖苦他可以随身携带一堆介绍信前往罗马广场。

****

皇帝们用"Imperator"（最高统治者）头衔作为首名。

斯·恺撒)。

中间的名字是家族或氏族名。这些氏族可能非常庞大,两位同样名叫"尤利乌斯"的人可能就像21世纪同叫"麦克唐纳"的两个人那样疏远。因为长子通常以父名来命名(例如提图斯·拉比诺斯的儿子叫作提图斯·拉比诺斯),所以罗马人尝试通过在名字末尾加上一个昵称来减少混淆。这些昵称通常基于个人特征,比如 Strabo(斜视的)、Felix(幸运的)、Postumus(在父亲死后出生的)和 Caesar(鬈发的)。不幸的是,昵称也可能是遗传的,所以想要找到一个 Appius Claudius Pulcher(Pulcher 的意思是"漂亮的")仍很困难,因为你可能需要筛选好几代人。

养子称谓以"-anus"收尾(在拉丁语中,anus 的意思是"老的",尤其意指一个满脸皱纹的老妇人)。例如,奥古斯都在成为皇帝前被称为屋大维。他最初来自屋大维家族,故在被尤利乌斯·恺撒收养后,应当改名成恺撒·屋大维(但他坚持自称"恺撒")。

女性只有单名,来自父系氏族。尤利乌斯·恺撒的女儿唤作茱莉娅。克劳迪斯的女儿唤作克劳迪娅,科尼琉斯·西皮奥的女儿唤作科尼莉娅。然而这种命名方式也带来了一些问题,比如产生了很多不太好听的女性姓名(卡托的女儿叫波西娅),而且如果有两个或更多的姐妹,则需要分别唤作(例如)大卡尔珀尼娅、小卡尔珀尼娅和卡尔珀尼娅宝宝,或卡尔珀尼娅第一、卡尔珀尼娅第二,等等。这种失误本不应该发生在通常逻辑严密的罗马人身上。

罗马人第一个名字的缩写

A.	奥鲁斯	M.	马库斯
Ap.	阿庇乌斯	P.	普布利乌斯
C.	盖乌斯	Pro.	普罗卡勒斯
Cn.	格奈乌斯	Q.	昆图斯
D.	德西穆斯	Ser.	塞尔维乌斯
K.	凯索	Sex.	塞克图斯
L.	卢修斯	Sp.	思普利乌斯
Mam.	马摩尔库斯	T.	提图斯
M'.	曼尼乌斯	Ti.	提比略

社会秩序

罗马社会等级森严。人人都清楚自己的位置。任何在斗兽场坐错位置的人都可能成为大家的饭后谈资。有些座位是元老专享的，有些是骑士专有的，最后排上方的座位才留给妇女和奴隶。从本质上讲，罗马的社会层级从下而上依次为奴隶、外国人、自由民、普通公民、骑士、元老、皇帝。而实际上要更加灵活一点：一些富有的自由民也可以在社会中获得显赫的地位，而且皇帝同时也是参议员。而在天平的另一端，也有的家奴会鄙视田奴，本土奴隶也可能会鄙视外来野蛮人。

罗马

元老院否决了一项要求奴隶身穿标识服装的提议,免得被时刻提醒奴隶的队伍有多大。

****

如果一个奴隶杀死他的主人,家中所有奴隶都会被株连处死。

"可是,我们怎么能够容忍这样的人呢?"

奴才!你为什么不能容忍你的兄弟呢?宙斯是他的祖先,他跟你一样是从同样的种子里生下来的儿子,都是从上面投生下来的。可是,一旦你的地位高人一等,你是不是马上就变成一个暴君?

爱比克泰德,《论说集》1.13

奴 隶

奴隶一经释放便成为自由民,并成为户主家庭中地位较低的成员。因此,尽管天生的自由民的地位高于被皇帝释放的自由民,但后者尽管地位不高,毕竟算是皇室的成员。同时,一位罗马公民的自由民也会自动成为罗马公民。

一位非罗马公民想要获得罗马国籍,仅与罗马人结婚还不足够,因为即便结婚,国籍也不会改变。但成为罗马人的奴隶重获自由就可以成为罗马公民。自然,想要成为公民的人必须极度信任自己的罗马主人,但骗局遍布帝国各处。

罗马人和他们的奴隶之间往往有一种说不清的关系。比如检察官加图,曾称奴隶为"会说话的工具",并主张

四 社交活动

应该在奴隶变老且需承担养奴费用前就卖掉他们。但他不仅释放了几名奴隶,还娶了一位自由民之女为妻(顺便提一句,根据罗马法律,一位主人不能强迫他的自由民嫁给自己——除非他为此释放该女仆)。

对待奴隶须谨慎。罗马人认为奴隶制是一种不幸的惩罚,任何人都可能沦为奴隶。

不要因为某人"只是一个奴隶"而对他无礼,因为他也许是主人的好友——有些奴隶甚至会成为主人的养子或继承人。然而,罗马遍布极度残忍、冷酷无情和暴虐成性的主人。时殊事异,风俗有别。

承蒙上苍垂怜,我(本为奴隶)已成自由民、罗马公民。

盖乌斯·迈格多尼乌斯的墓志铭

> 朋友们,奴隶也是人,亦是母乳喂养长大的,仅是运气不好。但如果我的运气能保持下去,我的奴隶们也将尝到自由的滋味……我将给费拉吉鲁斯留下一个农场。作为奖励,他继承了我的另一个奴隶——他现在的女朋友。
>
> 特里马尔乔的独白,佩特罗尼乌斯,《萨蒂利孔》71

家 庭

罗马父亲对家庭成员的权力几乎同对奴隶的权力一样大。毕竟，还从未有人废除过父亲能三次卖子为奴的旧法。父亲的权力是如此之大，以至于他若想鞭打、饿死、流放，甚至在极端情况下杀害其子，法律也无力阻止。

幸运的是，正如许多国家的社会秩序强于法律制度一样，一位父亲至少需要让罗马同胞认为其行为是正当的，否则将会终生无友（这是十分可怕的。因为罗马人的生意和社会生活高度依赖朋友圈，当陷入困境时，他们需要朋友们联合帮助自己，互惠互利。整座城市的运作也取决于此）。

因此，对于家庭问题，就像他所做的几乎所有其他重要决定一样，一位罗马家庭的家长会按照约定习俗，首先召集最信任的朋友告以实情。朋友们的意见没有约束力，但至少父亲能了解到其他人的看法。收到这样的邀请将会是莫大荣幸，但外人一般只以"专家见证人"的身份出席。这个外人可能是商业上的同事，抑或他可能与主人的自由民有姻亲关系。在这种情况下，他应以实际利益为重，除非被问及，否则不要发表意见。

一个家庭最重要的区分是宗亲属（agnati，父亲的血亲）和独立法权（suiiuris，由法律宣布独立）。罗马法在这方面独树一帜，因为即使是一位六旬老者在法律意义上也完全归属于其八旬老父。从理论上说，他没有私人财产，并且任何事情都须无条件服从其父。由此产生的紧张局势从罗马人对弑父的恐惧可见一斑，这实际上可能是首恶之罪（尽管政府坚持认为叛君才是第一）。

> 任何角斗士，任何盗贼，任何凶手，任何弑亲者，任何遗嘱伪造者，任何骗子，任何放荡者，任何淫乱者，任何弃妇，任何堕落青年，任何浪子，任何无赖，但凡能生于意大利，何人不识喀提林？
>
> 西塞罗，《第二篇反喀提林演讲》4

"你这个弑亲者"是个常见的侮辱词语，哪怕元老相互攻讦时也不敢轻言。如果一个人被指控此罪，就会连同一条狗、一只公鸡、一条毒蛇和一只猿猴（这些不幸的动物被认为是野蛮、忘恩负义可能造成犯罪恶习的化身）被缝入皮革袋中。凶手会被暴打一顿，然后随袋扔入台伯河中。顺便说一句，弑亲（Parricide）包括杀祖父，也可能是杀母亲，而弑父则是patricide。如今，该问题已经基本解决，整体而言，罗马家庭还是和谐美满的。这一方面是因为父亲承受着巨大的社会压力，他应当保证家庭和谐；另一方面父亲拥有强权，能够确保家庭和睦。此外，丈夫与妻子间关系之所以和谐，是因为离婚（如同结婚）是一种民事结合，任何一方都能退出，无须社会或宗教许可（不过同结婚时一样，女儿在离

> 教子得法，至关重要，勿论纪律森严。
>
> 塞涅卡，《论愤怒》2.1

> 罗马法给予父亲对儿子的绝对权力。
>
> 斐罗，《致盖乌斯》4.22

罗 马

罗马女孩,尤其是贵族女性,结婚都很早——有时甚至只有十几岁。

****

一份好的嫁妆约等于父亲一年的收入。

****

养子与家中亲子享有同等权利。

****

婴儿降生后,会被置于父亲脚边——如果父亲抱起婴儿,它就能存活,如果被忽视,婴儿就会被带走,暴尸荒野。

****

婴儿出生后九天左右得名。

****

兄弟姐妹幼时在家里共同接受教育。虽然男孩比女孩受的教育好,但有些女性的教养确实很好。

婚之前也需要得到父亲许可，这就是为何在罗马喜剧中，愤怒的妻子一察觉到家庭纠纷的苗头便会叫来父亲）。

> 鲁弗斯，你说兔肉没做好，而后疾呼皮鞭？为何宁杀厨师，却不切碎晚餐？
>
> 马提亚尔，《隽语》3.94

西塞罗给他的朋友阿迪克斯写信（后者的妹妹嫁给了西塞罗的弟弟），谈到午餐时的一场争吵：

> 昆图斯（西塞罗的弟弟）言辞甚恭："庞波尼娅，何不邀三五女客？我好照管男客。"依我所见，我弟弟言辞温顺，可谓谦谦君子。你妹妹答道："我？我不过一生客。"我暗自揣测……没有人邀请你妹妹安排午宴。除她以外，我们皆躺卧用餐。昆图斯送食物，她不接受。总之，我以为，我弟弟温顺之至，你的妹妹较为恶毒。尚有二三令人作呕之事我不想讲，我弟弟却不以为意。
>
> 西塞罗，《致阿迪克斯的信》5.1.3-4

毋庸置疑，最终这对不幸夫妻劳燕分飞。在罗马街头，游客随时能撞见婚礼。婚礼宾客会发出传统的"塔拉西索"喊声，新娘系着精心打结的腰带，戴着藏红花色的面纱。由于在此场合，人们常会讲些下流低级的笑话，新娘戴上面纱，也许是为了掩饰娇羞面庞（或者是为了掩饰快乐）。附近的人可以加入婚礼行列，诵唱赞歌，例如，

奴童,你在此处
曾为主人床笫最爱
终失所爱
主今移情别恋

[此处坚果随处投放,一如狂欢节之糖果]
而后群情激唱

哦!许米乃(婚姻保护神)啊!
哦!许米乃(婚姻保护神)啊!

五　购物消费

购物之所&兑换货币&购物指南&市政官员

即便在世界之都，购物也需要碰运气。罗马有一系列易于购买并且令人印象深刻的食物。同样，专门的商店也能满足特定需求，比如 Vicus Unguentarius 的香水销售商。然而，大量其他商品都是专业人士生产，他们手上有些有原料，或有个人独特的时间表。例如，要买葡萄酒，你可以在阿卡波纳托拿到一杯，也可以从商业中心买到一船之多，然而，如果你想买某种特定类型的葡萄酒或特定年份的葡萄酒，就得等到货物入港之时。大多数罗马人与经常打交道的商人关系匪浅，所以外来客人常常吃亏。

> 我问及菜面价格
> 太阳落山时
> 我要回家吃晚饭
> 有韭菜，鹰嘴豆和大饼
>
> 贺拉斯，《讽刺诗集》1.6

购物之所

你必须生产一些零售价高出 50% 的商品。所以，不要

> 对那种只能在台伯河对岸才能买到的商品（刚晒黑的、气味难闻的皮革）表现得那么厌恶，也不要认为香水和兽皮有很大区别。无论做什么生意，利润都很诱人。
>
> 朱维纳尔，《讽刺诗集》14.200-205

> 问一个罗马人关于购物的事，她（罗马购物通常是由女人来做的）可能会快速地数到九。这是因为最好的品种和最新鲜的食物通常可以在 nundinae 市场找到，该集市每九天举行一次。

在罗马帝国的多数地区，你只能在市集日开市时购物。在罗马大都市，一些市集每日开放，但那些距离罗马城24公里外的市集园丁、奶酪商与牧羊人还须腾出时间种地，无法日日入城。然而，在一个没有冰箱的世界里，罗马家庭主妇希望食物尽可能新鲜，所以九日一会对买卖双方而言仍很方便。

在罗马近郊，食物不仅需求巨大，而且经常很快就被抢购一空。此外，由于商品蔬菜栽培与交易利润颇丰，所以近郊公民便聚集于此。远离罗马的农民通常会生产不易腐烂的商品——腌肉、香肠、蜜饯、蜂蜜、奶酪、皮革、木材或羊毛织物。

因此，市集日持续繁荣。拂晓前，农民们便会来到法定集市的街道上摆摊。然后开始交通管制（该做法延续两千年，直到21世纪，意大利大多数城镇还定期举办）。对于购物者而言，确定何时在市集日购物需要精打细算。爆款销售极快，但一天将尽之际（日落时分闭市），你可能找到仍留在此处的农民，因为他不想将滞销产品带回家，你便可以最低价购买。

对于不愿等待八天才赶次集的人而言，皇帝设立了永久集市。永久集市有额外好处，摆摊点都舒服闲适且遮风避雨。这些市场名为米克拉（macella），令人悠然神往。

米克拉集市的摊位售价高于街头摊位，所售商品价格更高、质量更好。主销品依然为食物。罗马人平均在食物上花费 50% 的收入，非常关注性价比。他们强烈抗议货次价高。剧作家普劳图斯抱怨道：

> 有一集市，生活必需品充盈，名曰米克拉。
>
> 瓦罗，《拉丁语》5.147

> ……鱼贩踉跄入城，所售之鱼已腐，恶臭遽不可闻，厅中众人皆掩鼻欲走……屠夫杀一小羊，却以老死之羊宰客。
>
> 普劳图斯，《囚犯》813-819

尽管普劳图斯埋怨不已，但米克拉集市的卫生环境仍略优于街头摊位，因此众人偏爱在集市日购买蔬菜、香肠和奶酪，然后在米克拉集市购买一对野兔、画眉鸟，甚至一块上好的野猪里脊肉（许多猎人在市场上出售捕获的猎物）。鱼儿则更加罕见，朱维纳尔下面的这番话让身处二十个世纪以后的人类也能感同身受：

> 近岸已被捕捞一空，渔人贪念未已。捞尽临海渔区以供市场……几至无鱼可长成。
>
> 朱维纳尔，《讽刺诗集》5.93-96

食品摊。罗马需要为近百万公民提供充足的新鲜水果。一旦面包紧俏，暴乱便不远了。克劳狄乌斯皇帝就曾在供应不足之时被扔发霉的面包

　　两座最大的米克拉集市是坐落于西莲山上的马格南米克拉集市（公元 59 年由尼禄皇帝兴建而成）与埃斯奎利诺山附近的利维娅米克拉集市。然而，罗马的最佳购物地点是奎里纳勒山上的图拉真广场。略过公元 113 年图拉真为庆祝早年征服达契亚（后来的罗马尼亚）而建造的大型纪念柱（参见第 141 页），以后有空时再去参观。穿过纪念柱两侧的希腊和罗马图书馆，再穿过一排拱门之后便可以进入繁华的商业闹市。请注意，这排将政府机构与市场分隔开来的墙体坚厚非常，因为政府和商业分离并非一纸空谈。墙体一侧是充满速烤食物与大量易燃物的集市，另一侧是拥有独一无二的卷轴与纸莎草的图书馆、法院。此墙能够确保任何集市上的灾祸都不会扩散至别处。

　　市场本身就是当代建筑奇迹。虽然罗马人在使用混凝土方面的才华无与伦比，这里的混凝土却藏在砖块后面。图拉真的建筑师阿波洛多罗斯以混杂碎石的混凝土为每座墙体的核心，并将砖从中间劈开节省饰面的成本。结果，五座巨型蜂蜜色露台如同巨

人之梯,沿着奎里纳勒山向上延伸 38 米。

每座露台上的商店均超过四十家,每家店前面都有座拱廊。这些拱廊相对狭窄,当挤满了大喊大叫、推推搡搡的人群时,人们很难辨别方向。这些商店本身相对宽敞,每个约 3.6 米宽,整个门面广迎四方来宾。

有些商店提供餐饮服务,有的则提供谷物加工服务,谷物来自五层的皇家内库。其他商店所售商品则来自帝国的辽阔疆域,甚至更远的地方。

> 朕不欲为佛罗鲁斯,浪荡酒馆,隐匿厨店,挑拣肥蚤。
> ——哈德良皇帝告诉其师

兑换货币

那些携带本国货币的游客到达罗马后第一站就是去货币兑换处(在一些米克拉集市中你也许能找到货币交易员)。只有帝国铸币厂所产的货币才属合法,即便如此,并非所有帝国货币都能在帝国全境自由流通。

兑换货币商的摊位是张大木凳。拉丁语中的长凳叫作 banca,后来用以指代整个金融行业(即 bank,银行)。兑换货币商会检查硬币(由铜制成,表面镀有

韦帕芗皇帝时期的阿司。公元 71 年

正面:Aecetia,公平交易的女神(题词为"恺撒的公平")

一层薄银）是否被"弄脏"，并仔细检查硬币重量。一般旧币可能存在正常磨损缺重，但无耻小人也会币过刮痕，聚少成多，最后铸成小锭卖出。

购物指南

遗憾的是，数个世纪以来，不可一世的罗马货币加速贬值，旧币交易价格高企。硬币的基本对照表如下：

硬币的基本对照

阿司（As）：一种小铜币；从一位慷慨店主那里或许能买半打葡萄。

杜蓬底斯（Dupondius）：由黄铜制成；价值2阿司。

塞斯特斯（Sestertius）：也是一种黄铜货币，是标准价格单位，通常缩写为HS；价值4阿司。

迪纳里厄斯（Denarius）：一种银币，是货币的标准计量单位；价值4个塞斯特斯。

为直观了解这些货币的价值，以一名罗马士兵为例，其年薪450迪纳里厄斯，此外还有各种赏赐、津贴和奖金。一处上佳城镇住宅价值约50万迪纳里厄斯，1品脱中等质量的葡萄酒价值约1塞斯特斯。人人都非常在意谷价。罗马平民非常依赖谷物（罗马人平均日费约2磅小麦面包），对高价的不满或许会引发骚乱和暴动。在丰收年份，5个迪纳里厄斯也许能买到1罗马斗的谷物。1罗马斗大约2加仑，这么多谷物可以生产约20个面包，每个罗马面包约重1磅，加起来正好够吃10日。

购衣的话，一双结实的靴子花费15迪纳里厄斯，一双时髦女式拖鞋价值20迪纳里厄斯。布和衣服相对昂贵，这是因为所有织物纯系手工织成。事实上，即便贵族妇女也会亲自剪羊毛并纺织，只是为了省钱。如果钱不成问题，那些扬帆远方的海商能够消费得起十多万迪纳里厄斯1磅的顶级紫绸，要知道，这也许与六个人或一头宠物狮等价。

罗马无人清楚丝绸来自何方。这种神秘布料源于遥远东方，远在帝国疆域之外。一位名叫马埃斯·蒂蒂亚诺斯的好奇心强的叙利亚商人沿着丝绸之路追溯至纳巴泰、阿拉伯半岛和帕提亚等地，最终止步于中亚"石城"（可能在今乌兹别克斯坦）。罗马人的确听说过中国。中国古籍记载一位安东皇帝（可能是安东尼·庇护或马可·奥勒留）派商人寻访之事，但两大帝国间的贸易却需要通过中间商进行。

> 只盼伊人身着我所送华丽丝服，于众女中摇曳生姿。非洲之红裳，提尔之紫袍，讨伊欢心。
>
> 提布鲁斯，《书》2.3.51–53、57–58

> 你要去阿尔吉来图姆吗？……去那里找我的书。阿特莱图斯，此乃店主之姓。他从第一个架上（也许第二个）给你找我的书。一本书，以浮石打磨，衬以紫色包装，需要付五迪纳里厄斯。
>
> 马提亚尔，《隽语》1.117

香料和象牙经常从印度进口，甚至来自传说中的狮子国（斯里兰卡）。自哈德良皇帝以来，便有贸易使团长驻斯里兰卡。棉花、珍珠、象牙、肉桂、胡椒和乳香……所有这些都可购买。然而，如果你想要最上乘的商品，则须离开图拉真市场，前往通往罗马广场的圣道商业街。不妨徐行漫游，因为这可能是世界上最贵的零售街了。如果你想花更少的钱或者购买更多日用品，不妨尝试桑达里亚留斯村或者埃斯奎利诺山山侧平行于圣道的其他街道。

阿尔吉来图姆是购书之佳处。

重量、长度和时间单位

1 罗马尺（pes）=12 罗马寸（unciae，一个拇指的宽度）；罗马人的英尺比现代的英尺大约短半英寸

半罗马尺（1 semis）=6 罗马寸

1 杜蓬底斯（dupondius）=2 英尺

1 罗马步（passus）=5 罗马尺；从字面上讲就是走路时，一只脚离开地面到另一只脚落地的距离

1 罗马里（mille passus）=1 英里，或者更准确地说是 1618 码

1 罗马亩（iugerum）=1.246 英亩；1 罗马亩大约是一天可以耕种的土地量

容量的标准度量单位是 1 双耳罐（amphora），大约是 25 升，或 7 美加仑

1 罗马磅（libra）=1 磅，这就是为什么英镑的符号是 £；符号里的横杠就是为了避免与拉丁字母 L 代表的 50 相混淆（"磅"也是天平以及黄道标志得名的原因）

1/12 磅是 1 个罗马盎司（uncia）

1 个罗马日有 12 个小时。但这 12 个小时是从日出到日落，所以仲夏的某一天会比平时长 30 分钟，而夜间时长也相应缩短。在冬天，情况正好相反。罗马人用蜡烛和水钟（甚至是用便携式日晷）来测量时间，所以时间变化是道选择题。塞涅卡说："让两个哲学家达成一致比让两个时钟保持一致容易得多。"无人在意分钟……

拍卖是罗马商业生活的一大亮点。任何需要处理财产的人都能前往一处商业区摆摊，但多数人都会委托专业拍卖师（卡利古

拉皇帝本人也曾以这种方式筹款——不出意料，他从惊慌失措的民众那里获得了高回报）。一般而言，被处理的家庭用品也包括奴隶。大多数奴隶一生中被卖过数次，于其而言，这种场合既让他们神经紧张，又丢颜面。

拍卖师会事先说明奴隶的能力与既往经历，如果可能的话，还会补充（或虚构）旧主热情洋溢的证词。有专业技能的高品质奴隶售价极高（百万富翁马库斯·克拉苏曾为此亲自训练奴隶），家生奴同样售价高昂。由于与奴隶发生性关系属于家常便饭，所以奴隶的长相对价格也有重要影响。最便宜的奴隶是被俘蛮族，大多只适合在田里干农活。在共和国时期，山普洛尼乌斯·格拉古在撒丁区捕获了非常多的囚犯，导致罗马语中"出售撒丁岛人"代指"泛滥廉价"。

> 目睹莫林杯、娈童及上等香茅……厄洛斯泫然欲泣。彼欲购回家中，众人亦然。或有人笑其落泪，但亦偷泣于人后。
>
> 马提亚尔，《隽语》10.80

　　商贩正欲拍卖
　　正如汝城中所见
　　素无令名之女
　　竞标似未成功
　　此商欲证其无瑕甜美
　　几至秀色可餐
　　遂强扯近身吻其樱桃小口
　　再三，再四
　　伊假意不从，

以证其言不虚
汝问作秀何益？
竟吓退出价最高之人。

马提亚尔，《隽语》6.66

市政官员

鉴于暴民之害、人潮拥挤、火灾风险，毋庸置疑，罗马市场受到严密监管。在罗马买卖双方必须拥有商业权利，即公民或优惠同盟的权利来进行商品交易。名为市政官的地方官员及其幕僚的职责便是检查商人所售之物是否合法，保证不会缺斤少两。官府鼓励市场交易，因为这些交易可以得到适当监管（和征税）。在希腊的冒险故事中，阿普列乌斯讲述了他与其中一位市场官的遭遇：

> 离场之际，遇一雅典熟人。我问他为何身着官服，还有执棍仆从紧随其后，他答道："我是这里的市场官，你晚饭想吃什么，我来送你。"
> 我衷心感谢了他，答已购鱼。皮蒂亚见篮中之鱼，略微摇晃，问我花费几何。我实言相告，费资20阿司。他听后将我拉回市场，命我指出摊主。我指向一角落里的老者，皮蒂亚立显官威，走向老者。
> "你竟敢如此宰客？此鱼只值1阿司！你知我职责所属，亦知我的手段！"
> 他拿过我的篮子，将所购之鱼弃于地面。命仆从践踏之。其后，他让我离场，曰：于此老贼而言，羞辱已

足。我悻悻而回，茫然不知所以（还未用晚餐）。

阿普列乌斯，《金驴记》1.24–25

除寻常市场外，还有集市。这些集市通常在罗马的游戏或宗

罗马

橄榄油可以制成沙拉酱、灯油、食用油和洗涤剂等各种产品。

****

注意，鲔鱼来自特殊农场，可能贵得离谱。

****

一些最好的羊毛产品产自阿尔卑斯山南边的高卢区——除非你想被误认为是奴隶，否则不要穿来自意大利南部的廉价棕色羊毛衣服。

****

为防止罗马人堕落，公元14年，皇帝尝试禁止男人穿丝绸。

****

在罗马，最适合购买新鲜蔬菜的地方是圣堂广场，它位于卡门塔尔里斯门附近（位于北方，在卡比托利山和河流之间）。

教节日举办，此时大量外地人专程来到罗马。集市通常有个主题用来吸引专业商人，如牲畜贩子或奴隶贩子。例如，那些在罗马度过冬至的人应该记得农神节的传统便是交换礼物。所以，你可以关注 12 月中旬在战神广场里举办的西吉拉塔集市，那里可以买到书籍、盘子、小雕像等礼物。作家马可比乌斯说："早在农神节前夕，集市便已大量抛售"，这种情况会持续好几日。

六　法律秩序

禁卫军&城市守卫&守夜队&犯罪&法庭&监狱&惩罚

罗马无警察。这对一座古城而言非常正常，意味着在"法律与秩序"（政府的工作）和"预防犯罪"（社区的工作）之间有着明显的区别。这一体系之所以有效，是因为在外客看来，罗马如同一座人山人海的蚁丘，实际上却是一块由紧密联系的社区构成的马赛克，彼此知根知底。此外，法令森严，少有人敢犯禁——事实确实如此。

禁卫军

任何关于罗马法律和秩序的讨论都必须从禁卫军开始，因为任何罗马人都清楚，如果饱受咒骂的军团成群结队进入台伯河区，罗马立刻会谨守法度、井然有序。

禁卫军的徽章是蝎子，如今的形制来自天蝎座的提比略皇帝（罗马人非常重视他们的星座）。禁卫军的职责是护驾，皇帝在率领罗马军队对敌时，禁卫军会随侍御前。根据一般军士的说法，这是一群养尊处优的花花公子，完全不配享有高薪与特权。

禁军日得二迪纳里厄斯，戍军十六载致休，敢问彼敢

> 亲冒锋矢乎？此辈乐于戍守罗马，吾辈抵御蛮族，驱敌大帐之前。
>
> ——一名造反步兵的演说，《塔西佗〈编年史〉》1

彼时，禁卫军仍是精锐之师。公元 41 年，当禁卫军决定拥护克劳狄乌斯称帝后每况愈下，元老院无力遏止。由于禁卫军是罗马近郊实力最强的卫戍军，所以皇帝将之倚为心腹。然而，正如罗马人所说，"谁来监督禁卫军？"禁卫军的信仰是坚持捞钱。数个世纪以来，皇帝通过大肆犒赏换取禁卫军效忠。每当新帝登基，首要之举便是拨发给禁卫军一笔巨额"赏赐"。

近世以来，禁卫军声名狼藉，令罗马蒙羞。由于他们认为珀蒂纳克斯皇帝赏赐不足，竟然弑君，用长杆挑着皇帝的头颅带回兵营。然后，禁卫军将帝国拍卖给出价最高的迪迪乌斯·朱利亚努斯元老。塞普提米乌斯·西

罗马

禁卫军（Praetorian）得名于战中罗马诸将大营前之卫士（praetorium）。

****

禁卫军的盔甲可以追溯到数百年前的共和时代。

****

在罗马，近距离侍卫皇帝的禁卫军身着长袍。

六 法律秩序

弗勒斯皇帝正式解散了禁卫军。但他又招募贴身卫队,虽然名义上不再叫作禁卫军,且驻扎在离罗马稍微远一点的位置,但其本质毫无变化。

老百姓痛恨禁卫军的狂傲和残暴。

> 对于习惯在坎帕尼亚湖上航行,或者在希腊的城市里游荡的人来说,费力行军和严格军纪惹人厌恶。
>
> 禁卫军与加尔巴皇帝发生争执,
> 塔西佗,《历史》1.23

> 若能入禁卫军,便已成功——众皆横征暴敛。偶有小民为兵所欺,纵然牙脱脸肿目伤,得医施救,竟不敢告官。
>
> 朱维纳尔,《讽刺诗集》16.1-2、8-12

现在你该清楚,若遇见禁卫军,不要像躲瘟疫般躲避他们。毕竟,瘟疫好过禁卫军。

城市守卫

虽然与禁卫军同驻一营,但城市守卫的薪饷只有禁卫军的一半,而受民众爱戴的程度是后者的两倍。当近乎疯狂的康茂德皇帝下令骑兵镇压罗马人民,惩罚异己抗议者时,正是城市守卫击退了骑兵。

城市守卫受一名高等元老——市长的管辖。市长们素质良莠不齐,自从首任市长瓦莱里乌斯·科维努斯任职以来始终如此,此人于公元前13年辞职,完全尸位素餐。

城市守卫的职责是维持公共秩序。当民众观看一天扣人心弦的比赛后兴奋不已，或者失火后有劫匪趁火打劫，城市守卫便会介入其中（除非劫匪是禁卫军，众所周知，此事有过先例）。当城市守卫介入时，最好的办法便是抽身逃离。因为在军团的眼里，在暴乱发生地的人都是暴乱者，而死人是没法再制造暴乱的。

守夜队

罗马

守夜队由自由民组成，薪饷取自买卖奴隶过程中征收的4%税金。

****

这些消防官兵有先进水泵，可以对付轻微火灾，极端情况下，还能发射石炮拆屋。

在某种程度上，他们等于夜间的城市守卫。考虑到罗马夜间并非毫无秩序，守夜队更偏爱棍棒而非锋利的武器。不同于白日集体出动，守夜队驻在近郊小营房里，便于迅速应对各种情况，如醉酒者狂欢后在回家路上逞恶撒泼，或是夜间恶人行凶杀人。

守夜队可能会将夜间的不轨之徒拖入一个拘留仓里，次日清晨交予指挥官，因为该指挥官也有司法治安之权。

罗马人非常感激守夜队护佑平安。但公众对他们提供的消防服务的好坏却意见不一。罗马建筑物一般易燃易爆,传统的吊桶链除能扑灭轻微火灾外,并无其余用处,所以守夜队极少用这种方式。相反,他们能够迅速评估火势蔓延的速度,通过拆毁路上的建筑物控制火势。训练有素的专家能够以迅雷不及掩耳之势拆除屋顶,夷平墙壁,从废墟中隔离出任何易燃物品。

由于业主与守夜队在确定街道最佳拆毁点方面很难达成一致,他们往往不会如其他民众那般欣赏此项优质的公共服务。

犯 罪

由于罗马政府注重维稳,打击犯罪的任务便留给民众。

罗马人人都清楚下列告示。在无警察的情况下,罗马也能正常运转,这似乎令人惊讶,但邻里之间会相互监督,并对潜在违法者进行简单处理。罗马人生活在公众视野中,所以鬼鬼祟祟的犯罪更难逃脱惩罚。不义之财需要解释来源,尤其当失主宣布个人损失时,往往会悬赏重金。失主常常经过一番粗略调查后便能确定罪犯的身份。此后,悬赏制度开始发挥作用。

为了解制度的运作机制,让我们设想一个场景:一位游客携带一件高卢羊毛制成的精美斗篷来到罗马。天气炎热,游客将斗篷丢在一家酒馆里,很快斗篷不翼而飞。由于没有警察,所以他无法报警。酒馆老板认出这位远来之客,却表示爱莫能助。客人寻不见斗篷,怒气冲冲地回到寓所。

招待的主人深感苦恼,并非为客人的损失,而是惭愧客人在他家做客期间遭受了不公。他联系了酒馆老板的保护人的一个朋友。两人也许会联系有权关闭经营不善的酒馆的市政官。重压之下,酒馆老板承认店中有位叫卢修斯的常客,他的手脚不太干净,而且一个女服务员听说他最近在炫耀一些新衣服。

> 此店失一铜壶。悬赏65塞斯特斯,以待归还;若能提供线索,奉上20塞斯特斯。
>
> 《拉丁铭文集成》4.64

主人与管家简要交谈后,后者向五名身材魁梧的家奴简要说明了情况。一小队人马从家中出发,不久便带回一件斗篷。失主完全不理会他可能令一名完全无辜但仅仅名叫卢修斯的人的一天尽毁。我们的贵客认真检查了大衣,认出独特标志,然后宣布了所有权。如果卢修斯碰巧合法拥有一件同款披风,他甚至会愤怒地向其保护人提出抗议,而他的保护人将派一名信使四处奔走,以便妥善解决问题。如果所有措施都无效,便由法庭裁决。

法 庭

一种免费街头剧场备受行家们青睐,那便是抓某人前去受审。在罗马自治体系下,一旦预约了执政官,原告须保证被告出庭。显然,情况对被告越不利,他便越不愿意出庭。

为了施压,原告可能会雇用一名专业人士坐在被告家的窗下,或在其门外大街上,百般辱骂,折辱被告,取悦路人。一旦被告走出门外,骂者便随之走到街上,并大声向所有人揭发被告的丑恶本性,以及他在行政官面前拒绝自辩的懦弱行径。一名意志坚定的原告会雇用一群骂街者轮班工作,在数夜无休之后,邻居们也会对被告施压。

因为罗马人极为珍视个人声誉,很少有人能够长期忍受这种待遇,尤其越拖延出庭,人们越疑其有罪,以罪犯视之。

罗马民事诉讼文质兼备,分为两部分。首先,原告和被告必须在行政官之前出庭——一般是裁判官,如果是小案件或金融纠纷,则由市政官审理。执政官日理万机,无暇听审。相反,他会宣告诉讼双方都必须遵循罗马《十二铜表法》,游客也许不用(奴隶之子与疯子也无须遵守)。这或许是主人介入客人与惯犯卢修斯之间纠纷的原因。

裁判官会检查当地可能出任法官的名流清单,并且任命那些德高望重之人,至少也是一位诉讼当事人无法提供合理的拒绝理由的人。

然后裁判官制定审理程序,定义案件性质,法官寻找依据。在此案中,程序如下:

> 若原告(卢修斯)可证明斗篷属己之物,且为被告所夺,则被告(主人)须还其斗篷,偿付赔金。若被告可证斗篷为原告(卢修斯)所窃,则原告有罪。

裁判官限期三日结案。除非期间有公共假日或宗教节日,不然三日就是诉讼双方的审查期限。卢修斯很可能会在实际审判前让步。首先,作为原告,他有责任自证无罪。其次,即便发现主人认错且违背民法,但也只是罚款了事(此言不虚,即便其家奴在取回斗篷时让卢修斯受了重伤——罗马有时也是一座暴力横行的城市)。然而,如果卢修斯被证实偷了斗篷,便是触犯刑法,

罗 马

根据法律,民事诉讼须在日落前结案。

****

罗马贵族克劳狄乌斯曾无耻贿赂陪审团,在无罪开释时,法官嘲讽陪审团是否需要护送贿金到家。

****

罗马没有禁止渎神的法律——人们认为神会亲自处理这类事情。

****

罗马人常在廊台处(Tribunes)审理案件,这就是直到21世纪仍在使用的法庭(tribunal)一词的来源。

****

20世纪90年代末,意大利才解散最后一批由裁判官主持的法庭。

六　法律秩序

扈从。这些地方官员的仆从在前开道，清理无关之人。他们肩扛束棒，彰显执政官赏罚之权

或遭鞭打，或被卖为奴隶，或被送入矿场（且有罚款）。

然而，由于刑事案件须由陪审团审理，而且总体上偏重民事诉讼，卢修斯的命运将由第二法庭来决定。还须注意，一旦诉讼双方面官，案件便会被受理，除非双方自愿和解，因为如果有一方无法出庭且不能提供合理原因（唯一的合理原因就是死亡或将要死亡），法官通常会相信出庭的一方。

罗马司法的一个基本原则是审判和惩罚都要公开（但考虑风俗影响，女性通常居于幕后）。这导致罗马圆形露天剧场中某些审判结果花样百出，奇异怪诞，但也意味着可以在罗马法庭上见到执政官在陪审团前听讼。罗马可能是一个军事专制国家，但普遍尊重公民的法律权利，最神圣的当数公共法庭。当然，罗

> 乃至金钱至上，贫贱无望，法有何用？
>
> 佩特罗尼乌斯，《萨蒂利孔》14

89

马人天性使然，严谨周密的法律精神与哗众取宠常常混为一体。人人都记得：一位被控将军的律师戏剧般从其肩膀上扯下长袍，露出背后千疮百孔，让他转圈，表示非止一处有伤。被告及其家人还做了其他戏剧性事件来博取公众同情，比如妇女穿着丧服，男子穿着黑色托加长袍、蓄须，以强调困窘。

监 狱

如果你在罗马违法，清楚罗马人通常不在监狱里实施惩罚，或许会松一口气（但知道另一种选择后可能会让人再次紧张）。按照古代标准，罗马富得流油，即便如此，罗马也无财力将大量罪犯与公众隔开。所以监狱经常一边关押犯人，一边考虑释放罪犯、处以罚款或更重处罚。贵族们不会被监禁太长时间。他们被关在其他同僚家中，受到彬彬有礼的"保护"，直到皇帝开始审理。

监狱……在城中，俯瞰罗马广场。

李维，《罗马史》1.33

债权人也许会将偶尔违约的债务人拘禁并索要欠款，这属于私人仲裁。罗马公民信奉"不自由，毋宁死"，意味着这座城市只有一座真正意义上的监狱。它位于城市中心，俯瞰罗马广场与附近的战神神庙。虽然监狱潮湿阴暗，但鉴于其所具有的历史价值，游客（而非囚犯）值得一游。

该监狱通常简称为 carcer［英语单词"incarcerate"（监禁）就源于此］，分为两部分。上层牢房大致为四边形，里面的铭文显示其重建于公元 21 年，至今阴冷晦暗，气味冲鼻。下层是一座废弃的蓄水池，名为图里亚努姆（Tullianum，Tullius 是古代的泉水名，这与基督教中圣彼得为看守施洗而召出泉水的记载相矛盾）。

图里亚努姆蓄水池的内部空间呈圆锥形，没有窗户，由粗糙的凝灰岩制成，唯一入口是楼上房间地板上的洞。因犯们从洞口被扔入监狱，有时被丢在那里挨饿直到饿死腐烂。

公元前 104 年，当造反的努米底亚国王朱古达（Jugurtha）被扔入该囚室中，他对看守们说的第一句话便是"甚寒"。

虽然数个世纪后该遗址被改建成一座教堂，但尚不确定圣彼得是否曾被囚于此。然而，那些卷入喀提林阴谋的人，在被西塞罗下令勒死前肯定是被囚禁于此。任何一位高卢后

疏于监管，潮湿异味，此狱声名狼藉，可怖至斯。

塞卢斯特在图里亚努姆，《喀提林》55

裔必然都想参观古代最著名的高卢人维尔辛格托里克斯殒身之处。维尔辛格托里克斯曾集结多数高卢人，英勇对抗恺撒大帝，不幸被俘，最终露面竟然是在罗马传统的凯旋礼上（被当众献俘）。罗马人将他示众游行，通过广场，然后返回图里亚努姆接受绞刑，而恺撒却在离国会大厦数百码的地方享受着盛宴。

惩 罚

罗马的惩罚取决于两者——犯罪行为和罪犯身份。绝大多数判决都是罚款。罗马人有一份各种侵权类型以及对应赔偿金的清单。罗马地方官奴仆名为执法吏,随身携带束棒。棍棒束在一起,象征着地方官的处罚之权(尽管自共和国末期以来,地方官已被禁止鞭打公民)。在罗马之外,束棒也有呈斧形的,这表明地方官员可以而且确实能够对非公民行省的人民行使生杀大权。

任何犯下死罪的罗马人都能向恺撒上诉——著名的圣保罗行使了该权利。这是罗马人的诸多特权之一,因此被流放以及随之而来的丧失公民权是极为可怕的事情。从技术上讲,流放并非惩罚,而是逃避罪罚;也欢迎罪犯留在罗马,一些底层人士被迫留在罗马——面临死亡。贵族被砍头,公民通常被绞死,奴隶与非公民可能遭遇鞭打、焚烧、喂给野兽、钉死在十字架上或被以其他天马行空的方式处死。

还有种轻罚,即剥除名誉权(infamia),这是公开宣告某公民品行败坏,虽然允许其人留在罗马,但剥除其

> 夜入神庙偷窃者,投入狮口。
> 昼入神庙偷窃者,罚入矿坑做苦役。
>
> 保卢斯,《意见》5.19

> 众人说:"你已获罪"。
> 他问道:"是流放还是死刑?"
> "流放。"
> "我的家产呢?"
> "尚在。"
> "那我们走吧,先生们,我们必须在阿里西亚吃晚饭了。"
>
> 伊壁鸠鲁援引斯多葛所著《阿格里皮纳斯》,《语录》1.1

图 1　卡比托利山的朱庇特神庙是其众多分身之一。这幅画源于远古,展现了公元前 6 世纪初伊特鲁里亚神庙的样貌,当时罗马仍在王权统治之下

图 2(后页)　这是罗马人从未见过的罗马。在这张朱庇特视角下的罗马全景中,左边是大竞技场,右边是罗马斗兽场,在两场之间,克劳狄娅渡槽将水运到帕拉蒂尼山。卡比托利山的朱庇特神庙与两者构成一个三角形。罗马广场位于罗马斗兽场和神庙之间的分界线以北

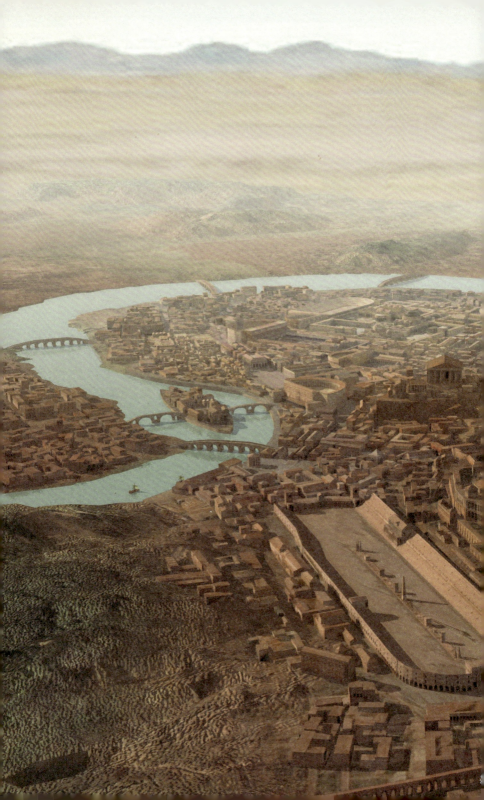

图 3 恺撒王厅。王厅始建于图密善皇帝时期,旨在令四方臣民心存敬畏

图 4(后页) 战神广场边缘的庞培剧院。背后是维纳斯神庙,台阶可以同时容纳 17500 名观众,巧妙规避了当时罗马禁建石制剧院的法律风险

图5 庞培剧院不仅是一座舞台。与罗马浴场一样,它还是个大型休闲中心,旨在吸引游客,即便台上无人,也能感受到庞培的伟大

图6 奥古斯都广场上的"复仇者"马尔斯·乌尔托神庙。两侧柱廊上绘有罗马伟人的浮雕,其中最著名的当数朱利安家族

图7 罗马浴场。此为安东尼努斯温泉,也就是人们熟知的卡拉卡拉浴场。如今已完成建筑设计,将于公元212年建设开工

图8 浴池通常不会这么空,除非你到得很早或者正好有赛事。相反,这些浴室里往往挤满了叫喊、戏水的人

图9(后页)神殿内室。此为罗马宗教中神的寓所。信徒献祭于坛外。罗马民众早就明悟室中非神,只是一种强大抽象物的象征

图 10 万神殿内部。万神殿是有史以来最令人印象深刻的宗教建筑之一,也是奥林匹亚诸神的家园

图 11(后页) 万神殿,以扭曲视角展现穹顶包围着的巨球形空间。注意穹顶内部的嵌板,以及它们如何被掏空以防止穹顶过重

投票、债权或公开演讲的权利。虽然主人能够随意惩罚奴隶,但奴隶的法律权利与日俱增,而穷人权利却在下降。曾经,盗贼被罚为失主奴隶,现如今更可能被罚入矿井做苦役。如果是暴力犯罪,罪犯甚至会被扔入圆形剧场。这就引出了罗马生活中另一个有趣的方面——娱乐。

七　娱乐消遣

角斗场&竞技场&剧院&妓院

罗马人非常重视娱乐，这从他们所谓以面包和马戏团为基础的文化里可窥见一斑。从人行道上的棋盘游戏到圆形剧场里耗资数百万的壮观场景，娱乐无处不在。然而，罗马人以"娱乐"之名举办的广泛活动让当时与后来的许多文明都感到震惊。比如他们热衷屠杀手无寸铁的囚徒或强迫14岁女孩卖淫。

角斗场

游客在罗马期间是否观看角斗表演取决于个人品性。认为角斗场面粗俗、野蛮和堕落的人绝非个例。只有一小撮罗马人可以欣赏每次比赛。许多人之所以不去，是因为买不到票，其他人纯属没有兴致。尼禄皇帝的哲学家和顾问塞涅卡（在他的《信件》7.3中）写道：

> 吾偶赴一午间角斗，觅些益智趣事，稍事休憩。欲目睹血斗，得片刻闲暇。但事与愿违，相较今日残杀，前日角斗竟显仁慈。当此之时，闲情逸趣逝若浮云，触目所见皆是杀戮。

七　娱乐消遣

虽然竞技场颇为可怕，但其恐怖却以一种人类历史上罕见的（如果有的话）华丽场景呈现出来，而且你可能会着迷于此种奇观。奥古斯丁的《忏悔录》（6.8）谈到一个名叫阿利皮乌斯的朋友，他之前排斥竞技场：

> 阿利皮乌斯深恶此情此景。某日，他偶遇三五同窗好友，众人强行带他入场。正逢一血腥残忍场景……他目睹一人倒地，身受重伤。他的灵魂堕落更甚……见血流满地，竟痴迷残暴行为。他目不转睛，久久停留……乐睹罪恶角斗，欢喜血腥消遣。

如今，罗马众神已不接受活人献祭，所以角斗游戏不再登上宗教节日活动单。事实上，一年中没有多少时间游客能相当确定地目睹角斗表演。其中之一是农神节，因为农神是幽冥之神，角斗表演正是献祭亡灵。

发言人宣布比赛开始，不久，一小撮人围在广告牌旁边，在场最有文化的人出来解说即将上演的壮观场面。一位作家问道："角斗前夕，家中酒肆，万众瞩目，岂有别论？"

> 没有什么比观看这些表演更能毁掉一个人的品行。
>
> 塞涅卡，《信件》7.2

官方不提倡下注角斗，但赌博随处可见。作为一个阶层，角斗士等同奴隶或罪犯（有时还兼职做保镖、讨债鬼与打手），备受贬损，但顶级角斗士魅力非凡，成为当时的超级明星。

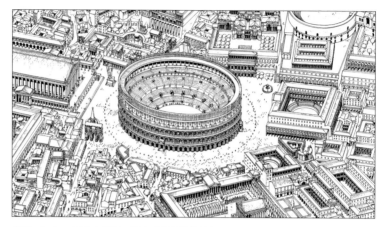

公元 350 年，罗马竞技场。留心哈德良的维纳斯和罗马神庙及尼禄的巨大个人塑像。这片区域得名于这座巨像

甚至在名门婚姻中，按照传统习俗，丈夫会用长矛分开新娘头发，如果该长矛曾经浸过死亡角斗士的鲜血，该仪式将被视为格外神圣。朱维纳尔评论一位出身名门却逃婚的妻子道：

> 埃比娅被哪种少年魅力所迷惑？她所见何物，竟使她成为"角斗士之食"？一残臂，一陋容：头盔伤脸落疤痕，鼻上长有大恶疖，双目污脓流不休。只因他为角斗士，即成汝辈梦中青年才俊。
>
> 朱维纳尔，《讽刺诗集》6.103–110

最常见的角斗士类型

Dimachaeri——装备两柄短剑

Equites——用长矛和剑的骑手

Essedari——凯尔特人风格的驭车手

Hoplomachi——希腊化重步兵；常与米尔顿或色雷斯人协同作战

Laquearii——装备套索

Mirmillones——使用一把剑和一张长方形高卢盾牌；经常与霍普罗马基人、色雷斯人或 Retiarii 搭配

Retiarii——古罗马持三叉戟和网的角斗士，常与 Secutores 或 Mirmillones 战斗

Samnites——配备长方形盾牌、头盔和短剑的角斗士

Secutores——配有盾牌、头盔和剑的角斗士，常与 Retiarii 交手

Thracians——配有圆盾和弯刀的角斗士；与 Mirmillones 或 Hoplomachi 战斗

在次日角斗开始前的"开放晚宴"上，一些女人寡廉鲜耻，与角斗士调情，老练的赌徒则关注赌注。他们不能靠得太近，因为每名角斗士都被一个拉尼斯塔（lanista，字面意思是"尖锋勇士"）密切监督，他已为这次比赛训练角斗士数月甚至数年。这座城市有四座角斗士培训学校，其中最大的是格努斯·卢都斯角斗培训学校，它离圆形剧场如此之近，以至于两地之间有条地下隧道连接。

罗马圆形大剧场（俗称弗拉维圆形剧场）本身就是地球上最壮观的体育场。它坐落在西莲山、埃斯奎利诺山和帕拉蒂尼山间的山谷里，从罗马广场沿着圣道往下，中间是提图斯凯旋门。一座高达 40 米的巨型鎏金太阳神赫利俄斯雕像矗立在圆形剧场旁边。"圆形剧场"代指整个地区，而非建筑本身。

圆形剧场高 50 米，宽 200 米，占地 2.43 公顷。每层石灰华石拱都独具特色，按照建筑顺序：第一层是多利安式，第二层是爱奥尼亚式，第三层是科林斯式。上面覆盖一层混凝土面砖，最

后是木材。最上层是挂着条幅的松木桅杆。

开放圆形剧场后,成千上万的观众同时涌入赛场,所以选择正确方位尤为重要。每张票都标有适宜入口。这里有80扇门,每座拱门顶部都有相对应的数字(普通观众76扇,皇室及其侍卫2扇,角斗士2扇)。内部走廊非常宽阔,坡道与地道系统连接高效,不到20分钟,剧场便座无虚席。结束之后,观众迅速离场,人们戏称这些走廊为"喷吐门"。

观众不能随便入座。最佳观景点坐落在指挥台上,但该大理石平台专属于元老、来访大使、神职学院的祭司

> 诺巴努斯(Norbanus)大战众角斗士——表演几无可观之处——众皆年齿老衰,汝亦可胜。
>
> 佩特罗尼乌斯,《萨蒂利孔》45.11

角斗现场。角斗士看起来耀武扬威,然而这种盔甲在致命打击下保护能力却很薄弱。右边,落败角斗士举起食指表示投降,裁判以杆分隔二人

及其他英雄俊杰。皇帝在指挥台南面走廊驻足。旁边坐着维斯塔贞女，在那后面，为骑士阶层预留了20层座位。其余分成三部分：富人及贵宾的immum区；穷人的summum区；最上面的女性专用木层（只能站立的房间）。尽管观众席上挤满了5万至8万人，但几乎从每个角度来看，角斗场地都出乎意料地紧凑与个性化，椭圆形状有利于观众近距离观赛。竞技场地面是人世间最血腥的地方之一。在0.45公顷的土地上，每0.1平方米至少死过100人，而死亡的动物数量更是两倍之多。

虽然每项比赛的模式可能大相径庭，但开场很可能是角斗士走秀。如果有角斗士向人群扔东西，尽力一举抓住。因为这相当于中了罗马的国家彩票，奖品从一顿美餐到一座豪宅，从一头大象到一只破罐子不等。不要期待有女角斗士出场，因为近世以来，罗马已明令禁止女角斗士，只有女舞者与杂技演员会在两场血斗间出场炫耀技艺。

在圆形剧场能获得近距离见到皇帝的稀有机会。这是皇帝和民众互动之地，而这些互动展现了罗马的诸多国情。皇帝人身安全的最好保票是卓著声望，所以每位皇帝都会寻找造型更加独特的异兽以取悦众人。露面的有鸵鸟、鳄鱼、豹子，甚至还有河马，其中大多数都会在接下来的斗兽或围猎中惨死。

在斗兽时，一座精心设计的景观森林也许会从竞技

> 特雷斯之塞拉德斯，三代常胜冠军，少女春心暗许。
> 科雷森斯于夜间网罗美女。
> 关于角斗士性吸引力的简单证明

场地下冉冉升起，兽类梦幻般出场。厚沙之下，隐藏着由笼子、隧道和坡道构成的地下综合体，通过杠杆与秤锤不断去旧出新。有些狩猎会让不同物种相互争斗，巨熊激战公牛，雄狮对阵猛象。在地中海盆地，勇士们常常与最凶猛的野兽搏斗。

斗兽场的饕餮巨口已使某些地区的所有物种彻底灭绝。甚至在共和国时期，西塞罗就写道：

> 至于黑豹，我以为寻常猎人已黔驴技穷。此兽供不应求……闻说兽群已离此省，远赴卡利亚。人皆关心备至。凡到手之物皆归你所有，但所费之资，我几无所知。
>
> 《西塞罗致朋友的信》2.11.2

于罗马人而言，自然绝非无害，而是具有威胁性，狩猎便是体现人定胜天的一种手段。与野兽交手的都是专业人士，他们相当于罗马的斗牛士，而非受罚罪犯。塞涅卡发现惩罚通常发生在午餐时，这也许是个好时机，可以溜出去边观赛边就餐，或者躲到一边，省得你吐出胃中之物。罗马人认为正义审判场面应该尽可能的壮观和混乱。

公开处决（noxii）的档次最低。Damnatio ad bestias 用以处置人渣，如投毒者、强奸犯、土匪和逃兵。定罪之人通常会被绑在赛场的木桩上，并附有审判书。顺便说一句，基督徒无此惩罚。迫害基督徒的情况罕有发生，即便是将基督徒喂给狮子，也不会发生在斗兽场。

那里将会有十几人被执行死刑，接着是同样残酷的事情，在鞭子和烙铁的驱使下,死刑犯互相残杀至死。赢家也无法脱罪,他们必须面对新的敌人,直至被杀。在一个没有警察的社会里,刑罚的威慑力十分强大,同样重要的是,观众尽管放心,他们害

罗 马

一位名叫帕里乌斯的战车勇士曾收获满满掌声,致使卡利古拉愤怒离场,因为罗马人竟敢无视皇帝。

****

一座广受好评的角斗士雕像粗鲁机智地嘲弄了角斗士的性吸引力,雕像上的角斗士正在与自己的巨大阴茎搏斗。

****

图密善过去常常一边观看比赛,一边爱抚宠爱的侏儒。科莫多斯随身带了一张弓,方便随时射杀下方的动物。

****

著名的敬礼"吾皇万岁!吾等将死之人向汝致敬"实际上只有一次记载。这是献给克劳狄乌斯皇帝的,而皇帝则讽刺回道:"是否如此,待时而定。"

****

经常参观比赛的元老们会在席位上刻上名字来保留席位。

怕的恶棍有时也会恶有恶报。

午餐后,新沙撒在场上,角斗热身战开始了。这通常是小丑和侏儒之间表演的喜剧,少有流血冲突,更遑论伤及人命。下午的天气越来越热,来自米塞纳姆帝国舰队的上千名水手从连接在圆形剧场顶部桅杆的索具上穿梭而过,扯下巨帆为观众遮阳。这些船帆五颜六色,观众身上光彩变幻与(从不遮阳的)角斗场上的超现实事件形成了强烈对比。

角斗士们似乎赢得了热烈掌声。前期竞技赛可能会令各组角斗士相继上台比画,一旦出现备受钟爱的角斗士,观众便会全神贯注地关注每场竞技。

竞技中可能还会出现奇怪的安达巴塔人,他们头戴无眼洞头盔,在一场致命的"盲人摸象"的游戏中相互厮杀。虽然他们暴露在死亡威胁前,但角斗士的盔甲有效地保护其免受重伤。大吼 *habet*(打中了一个!)表明一人已被击中,而 *peractum est*(搞定了!)则代指致命一击。

一名无法再战的角斗士会竖起食指——祈请仁慈,他并非请求对手,而是请求竞技主持人。当然,主持人会请示皇帝,而皇帝通常会遵从民意。一名法官挥舞一根长棍分开两名角斗士,直到决定示下。于受欢迎的角斗士而言,民众会大喊 "*mitte*"(放他走!),相反,对于表现欠佳之人,观众会怒吼 "*iu-gula! iu-gula!*"(杀了他!杀了他!)

如果众人裁决是死,人群便会安静下来。角斗士应当英勇赴死。战败的角斗士弯下脖子,跪下,抱住对手大腿(此刻已是其刽子手),稳住自己。刽子手剑尖朝下,插入败者颈椎,直至心脏。

"大拇指朝上"的手势实际上寓意不祥,因为它模仿了向下杀戮的动作。还要注意,要想拔出一把罗马剑,需要将手翻转过来,如此一来,大拇指就会指向自己身体。因此,向一位求饶角斗士竖起大拇指,意味着他凶多吉少。

一旦被杀,角斗士便被拖过死亡之门——利比廷斯门,在那里有人会将其武器与盔甲剥除,归还给战友。

赢家会收获奖金以及象征胜利的棕榈叶,甚至可能是顶金冠。求赏者拿着托盘四处走动,祈求观众们加几枚硬币。然后,人人都准备着下一场竞技,或者观看一个由训练有素的动物或杂技演员表演的马戏。虽然罗马人见惯杀戮,但在性的问题上,他们既开放又保守,基本上不存在明目张胆的色情。

然而,罗马斗兽场毕竟难与色情无关。因为斗兽场外面就有一堆妓女在等待涌向夜色的人群。他们在斗兽场拱门(拉丁语中叫作 fornices)下租来的小隔间里花天酒地,由此产生了"淫乱"(fornicate)一词。

竞技场

诗人奥维德携其女友观览战车比赛:

> 陪你回来的战车手何其幸运,得到你的青睐。我希望能像他一样好运。我将立刻到起跑线上,纵马驰骋。在这里,我会驾驭缰绳,在这里,我会抽打鞭子,

古罗马大竞技场

> 然后转个弯儿……
> 你为什么一直想从我身边溜走?这是不可能的,你我相邻而坐。这是我的优势,得益于马戏团如此安排。但是你,坐在女士另一边的家伙,注意你的举止。别再靠着她了。还有你,坐在女士后面的家伙,不要再伸出你的腿,让你那长满疙瘩的膝盖抵到她的背上。小心点,亲爱的,你的下摆拖到地上了。拉高一点,否则我就要帮忙了……如果我看到你的腿会怎么样?……根据我对你的观察,我完全可以想象到优雅女装下隐藏的诱人魅力。
> 禁卫军刚刚发出信号,四马战车出发了。我看到了你的至爱,你喜欢的马儿都是赢家。马似乎知道你想要什么。噢,我的天,看他在转弯处走得多远。你这个可怜的家伙,在搞什么鬼?现在你让一个竞争者弯道超越。你在玩什么,低能儿?女人支持你有什么用?

看在上帝的分儿上,用力向左拉紧缰绳,继续,拉!噢,我们的人是个白痴。来吧,罗马人,把他叫回来,让我们看看你们的托加裙摆。他们呼唤回来。但要注意不要让他们弄乱你的头发,像这样挥舞着托加长袍。来,把你的头放在我的长袍褶皱里。

看,现在他们又开始了,栏杆都倒了。他们来了,穿着五颜六色的衣服,疯狂开车……他赢了。现在我必须看看能做什么。呀,一个微笑,我的甜心,点亮你的表情,就有希望了。这里已经足够,其他你再慢慢弥补。

奥维德,《恋歌》3.2

如果说罗马人喜欢角斗,那么对战车比赛则是痴迷。当世界上最优秀的驭者驾驶各自的小战车进行攸关生死的

古罗马大竞技场

大竞技场周长达3.5斯塔德(610米多一点),宽有4个普法拉(122米)。居中挖一渠,长宽皆3米,可于较长两侧或短侧汲水。门廊之后,有一楼高三层。最底层有石座,逐级而升,一如剧院。楼上二层有木椅。二门廊较长,中有新月狀短门相勾连,故此三门廊犹如圆形剧场中一门,此门廊长8斯塔德(近1500米),能容纳15万人。另一短侧裸露在外,内含马起棚,上覆顶,扯一绳则众棚皆开。场外有一层门廊,上有店铺及公寓。于此门廊,各店皆备入口和台阶,芸芸大众皆能往来而不拥挤。

狄奥尼西奥斯,《罗马古迹》3.68

比赛，近 20 万车迷拥挤一处，狂欢呐喊，举世无双。为寻求刺激和奇观，竞技场的确需要恢宏壮阔。

这是罗马最古老的娱乐场所之一。大竞技场始建于王政时代，距今已有千年，从那以后重建数次。公元前 50 年，尤利乌斯·恺撒将这条赛轨延长至现在的 610 米 [大竞技场宽约 122 米，中间有道名为斯宾纳（spina）的低矮屏障]。

在尼禄朝那场毁灭性大火之后，整座建筑几乎完全重建，现存建筑主要为图拉真所造，他彻底改造了看台，增加了 5000 个座位。

不同于圆形剧场严格的座位安排，竞技场主要是先到先得。对于重大赛事，比如 9 月的罗马节，许多罗马人更喜欢边看比赛，边在足以俯瞰竞技场的帕拉蒂尼南坡野餐。但这次，皇帝的视野并非全场最佳，最佳座位在靠近

> 你一年的收入，等同于一位战车驭者一场比赛的收入。
>
> 朱维纳尔写给一位教师的信，
> 《讽刺诗集》7

赛场上的战车

皇帝包厢的西端（钝边）。最佳视野点在一座圣厢，厢中有地方官从各座神庙抬来的诸神雕像。罗马城内万人空巷。

> 克里森斯，蓝色战车之驭者，生于毛里塔尼亚，享年二十二岁。
> ——一位战车驭者的墓志铭，《拉丁铭文集成》6.10050

这座20米高的方尖碑由公元前1250年的埃及赫利奥波利斯始建而成（它于公元1587年被从赛马场移到罗马人民广场），每绕完一圈，沿着中间屏障的七石蛋便会被移走一个。但是那些坐在赛道端的人看不见这些石蛋，他们靠头顶上青铜海豚代替石蛋（来判断比赛进度）。这些青铜海豚源于奥古斯都的海军上将阿格里帕，用以提醒公众自己是公元前31年打败安东尼和克利奥帕特拉舰队的海军上将。

驭者分为赤、白、绿、蓝四队。罗马城中乃至国境之内，每个人都需要选择一队支持。各人投注自己所爱的战队。人们怀疑比赛不公，就足以引发骚乱。人们发现一块诅咒石板，撰者在其上召冥府之恶魔：

> 虐杀绿白二队之马，咒驭者克拉鲁斯、费利克斯、普里穆卢斯、罗曼努斯粉身碎骨。

通常12辆战车错位起步，这样外圈便不会处于劣势。"单车入赛"意指每队派出一辆战车。鉴于每年有数十名战车驭者在比赛中丧生，召唤恶魔几无必要。对于这些年轻人来说，"活得快，死得早"的格言千真万确。他们的战车活动空间狭窄，撞车事故时有发生，场面壮观，常常致命。

> 场中吼声震天。众皆鼓掌祝贺马场骄子斯科帕斯。彼盛年二十六，溘然长逝。命运以胜利计算，而非年龄。岁老汝颜。何其不公！汝之青春已逝，斯科帕斯，汝之死何其速也。汝匆忙冲过终点线——今命运终点何在？
>
> 马提亚尔，《隽语》10.53

竞技场偶尔也会发生更加血腥的事件，比如处决基督徒，不过这些处决更多发生在梵蒂冈原野的尼禄竞技场，巧合的是，附近坐落着基督教最伟大的人物之一——圣彼得的墓地。

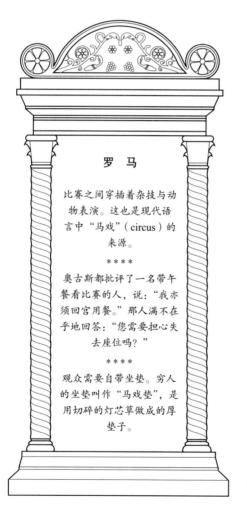

罗马

比赛之间穿插着杂技与动物表演。这也是现代语言中"马戏"（circus）的来源。

****

奥古斯都批评了一名带午餐看比赛的人，说："我亦须回宫用餐。"那人满不在乎地回答："您需要担心失去座位吗？"

****

观众需要自带坐垫。穷人的坐垫叫作"马戏垫"，是用切碎的灯芯草做成的厚垫子。

七　娱乐消遣

剧　院

虽然罗马戏剧深受知识分子喜爱，但作为一种娱乐形式，它多少有点灰姑娘的味道。

> 我首演此剧本之时，与拳击手和走钢丝的人
> 争夺观众……二次上演，我以计留众至幕终。
> 观众忽闻角斗士表演即将开始，蜂拥离去，
> 争先恐后争夺最佳位置。
>
> 特伦斯，《岳母》21-34

那些想看希腊悲剧的人最好去看一场私演，不过要注意：那些喜欢埃斯库罗斯或索福克勒斯的人喜欢用希腊语演出的戏剧（几乎所有受过良好教育的罗马人都会两种语言）。幸运的是，也有一些活跃的拉丁语作家，比如特伦斯和普劳图斯，他们将文学与喜剧相融合，后为莎士比亚模仿。这种戏剧的乐趣在于，你可以坐在舒适的座位上观剧（罗马人坚持站着看悲剧表演）。或者同样的场景可由两三名巡演员以最少的道具表演。这些戏剧中的大部分情节都故意设在大街上，所以一个小剧团占据几码宽的临街空地便能举办一场特殊演出。

> 橘红色与紫色的天棚，现于头顶，飘于横梁，台上绚丽夺目，礼堂摩肩接踵，五光十色，光怪陆离。
>
> 卢克莱修，《论事物的本质》4.75-80

戏剧活动是在集市日和公共假日举行的，所以演员们

喜剧演员角色固定。愤怒的父亲挥舞着大棒，克制自己不要对挥霍无度的败家子发火。注意千奇百怪的面具与舞台背景

希望能够取悦于众，狂欢起来。故事情节总是混合着令人难以置信的巧合、身份错误与伦理困境，加上峰回路转，时不时蹦出个神祇或半神。

实际上，最后一刻某位大神降临解决所有问题的情节设计已经过于老套，导致 *deus ex machina* 竟然成为"天外救星"的通用表达。

事实上，哑剧没有情节，只是阐述一些神话事件、特色音乐、舞蹈、暴力和裸体。让社会精英反感的是，大众对此极为追捧。

那些喜欢 Euterpe（抒情诗歌的缪斯）而非 Terpsichore（舞蹈的缪斯）的人，可以到名为 *odea* 的小剧院里欣赏诗歌朗诵，聆听名著朗诵，或是观看竖琴和长笛演奏。尼禄曾经在音乐会中小试身手，结果引起公众反感，不仅因为表演差劲至极，还因乐者的地位只比演员稍高（有辱国体）。而演员地位也只比妓女略高，哪怕微不足道的诱惑，也会令人坠入深渊。这就引出了罗马另一种非常普遍的消遣方式——性交易。

罗 马

即便经过数个世纪，剧场依然为文化殿堂，人们涌向当地剧院，观看最新上演的剧目。

****

大多数罗马戏剧有五幕。观众看戏时咀嚼着大枣而非爆米花。

****

尼禄在舞台上的表演糟糕透顶，据说甚至有观众故意装死离场。

****

如果捉奸，罗马法律允许当场杀死（通奸的）演员、角斗士、罪犯或奴隶。

****

留意那些打着"cumvela"广告的演出，这说明剧院顶部有遮阳棚。夏季，观众如果买的是廉价票，很有可能会在烈日下惨遭炙烤。

妓　院

在罗马，卖淫源远流长。这座城市的创建者罗穆路斯和雷穆斯由母狼喂养长大；传说颇为可信，因为后期发现，lupa（母狼）也是妓女的别称，即便今日，这种"母狼窝"（指妓院）还会招徕许多年轻女孩，从事这种行业，她们可免于流落街头而死。

从浴室里的淫秽壁画，到男女生殖器形状的路边摊面包，罗马大街上陈列着大量令人震惊的露骨色情作品。有时这也并非是为了服务色情本身——葡萄酒或许会装入一只形如勃起阴茎的容器里，仅仅因为阴茎是健康、繁荣和富足的象征（但只有严重醉酒的人才会直接对嘴喝）。然而，在许多情况下，这些图画和雕刻品的意思和它们所描绘的完全一致。

罗马人对性并非肆意放任。比如，诗人马提亚尔抱怨说，虽然他的女友在床上激情四射，但却拒绝与自己裸泳，甚至连披衣同浴都不行。希腊人一贯认为罗马人谈性色变，甚至无法开着灯交媾。

罗马随处可见卖淫者。她们聚集在公共建筑的拱门下，还有我们已经知晓的斗兽场。卖淫者尤其喜欢聚在神庙四周，基督教作家对此曾进行刻薄的批判。有些卖淫者以工作地点命名，比如经常在墓地里卖淫的称"守墓者"，有时甚至是在为自己搭建的坟墓里。这个行业的顶端被称作 meretrices，接待的是一些社会名流。中层的"母狼"一般会包下一个"母狼窝"或全职妓院。在那里，街头女孩被称作 scortaerratica（"流浪的荡妇"），地位最低的是 diobolariae，字面意思是"两块钱"娼妓。与大多数时代与文化一样,这种工作既危险又有辱人格,在罗马,许多卖淫者简直就是性奴隶。

甚至这些"夜蛾"更喜欢在一间窄室卖淫。"cribs"意为一小房间,内设一张石床与一床草垫,这些小房间与许多酒吧后面的厕所一样遍地皆是。

> 吉顿与我面色惨白,殊无血色,被娼妓之淫荡引至死亡之门。
>
> 佩特罗尼乌斯,《萨蒂利孔》2

供需法则决定了罗马的性交易价格低廉。一条面包的价格就可以买到一次与街头女寻欢的机会,甚至普通工人两三个小时的工资就能与价格更高的妓女共度春宵。请注意,"stabulum"既可以是普通旅馆,也可以是妓院,所以在预订房间之前一定要提前确认。

罗马城中某些区域的妓院更加密集,这并非因官方管制,而是因为顾客盈门。苏布拉区是一个臭名昭著的红灯区,许多沿着大竞技场附近的帕特里克大街的房子上都有涂鸦,上面充斥着对性爱服务质量的粗俗评论。

大多数妓院在下午两点半左右营业(这可能是妓女有时被称为"九小时女郎"的原因)。女主人被称为阿莱娜,通常在门口收钱。嫖客会购买服务券,上面的图案标注了顾客购买的服务项目。接客妓女在其小隔间里,门边挂着一幅拼布窗帘,上面写着她的名字、价格和特殊服务项目。与罗马残酷的父权精神相一致,顾客多是男性。人们认为,女性在有性需要时通常会私下与角斗士、奴隶和男仆寻欢作乐,即便真的缺钱或缺性,她们也会是收款方,而非花钱方。许多罗马穷人不反对赚点外快,但兼职妓女不太受社会认可,因为她们不需像全职妓女那样必须缴纳税款。

游客只需要注意少许性病。随着消费下沉低端市场,疱疹、衣原体与其他生殖器感染的风险也在上升(上流社会雇用一群男孩从喷泉汲水,如此一来,女孩们就能在接客后用水冲洗下体。顶级妓院直接接入渡槽,表明该院在各方面都有良好设施)。于上流社会而言,光顾妓院殊为不雅。这是因为光顾妓院属于下

罗 马

传说罗马淫乱皇后墨萨琳娜在妓院里寻欢作乐,每晚男妓数量之多,就连妓院里最强悍的妓女都无法消受。

****

犯罪女奴可能会被卖到妓院。

****

妓女,即使退休,也被禁入某些职业。

****

海盗经常掳掠妇女,如果得不到赎金,她们一般会被卖到妓院。

里巴人的消遣，而非道德洁癖。事实上，许多元老甚至市政官员都是妓院的直接所有者或特许经营商，获利不菲。毕竟任何阶层的青年都可能在深宵酒会结束后光顾此地。

我愿多付一迪纳里厄斯，让此女对我两面讨好。

马提亚尔，《隽语》9.32

若少年与妓交，是其堕落者耶？抑或客耶？

西塞罗，《为凯利乌斯辩护》20.49

有人认为严禁青年性行为，即便是与倡优妓女。其人正气沛然，终难和光同尘。这不仅不合今日之伦理，也违背祖宗之德与休憩精神。此事昔日何尝有禁？合法之事何时有错？

西塞罗，《为凯利乌斯辩护》48

尽管如此，无论是罗马还是别处，卖淫和犯罪经常相伴而行。那些屈服于众多诱惑的人应该记住，是罗马人创造了"一经出售，概不负责"（caveat emptor）这句话——"买家当心"！

八　宗教信仰

寻访神庙&万神殿&宗教节日

罗马自然是众神之城，因为如果没有神的庇护，罗马岂能成为永恒之城？罗马处处有神的存在——不仅罗马宗教有数百位神祇，而且每个民族，包括犹太人、阿拉伯人、日耳曼人、西班牙人和英国人，都有各自信仰的神祇。每条街都有些小神龛，神庙几乎和酒馆一样无处不在。

每个罗马家庭中都有一个供奉家神的小型神龛。按照传统习俗，人们会将用餐时掉落在地的食物放入神龛中烧掉献祭。

> 我怎么可能在一本书的一节里尽录诸神之名呢？
>
> 奥古斯丁，《上帝之城》4.8

传统罗马家庭的中心是灶台，这里往往也供奉着一位重要的家神，即"珀那忒斯"。尽管家中的主要男性家长扮演着祭司的角色（主要献祭者），但女性也要献祭，罗马婚姻中最重要的仪式之一便是新娘向新家神献祭。

罗马宗教建立在"众神共荣"的基础之上。一旦人们供奉神祇应有的仪式与祭品，众神便会留在社区庇佑地方。主神可能会通过天降异象（稀有之事，如彗星和雷电)、洪水、瘟疫与地震来表示不满，更糟的情况则是神祇完全抛弃了某座城市。事实上，罗马人有个"召神"仪式。在一场艰苦异常的围攻中，罗马祭司可能会施法召唤敌城守护神放弃，前来罗马享受更高待遇。这似乎有一定作用，但也确实增加了罗马

罗 马

祭祀冥府诸神的祭品会在 holocaust（希腊语中"全部焚烧"的意思）中全部被焚烧，而且不能被吃掉。

＊＊＊＊

在罗马，如果祭司或法官宣布看见一道闪电或其他预示神灵对此事不同意的神迹，便会立即中断或延迟眼下之事。

＊＊＊＊

罗马皇帝通常在死后（根据元老院的法令）成神。当韦帕芗皇帝病入膏肓时，他对儿子们说："我将成神。"

＊＊＊＊

拉丁语中"见证"的写法是 testis（睾丸），因此也有人认为罗马人会抓着生殖器向神发誓。事实上，"testes"很可能来自希腊医学术语 parastates。

神庙的多样性。

只要罗马神祇得到应有尊重,他们并不在意崇拜者是否真心信仰。公民参加官方仪式后,可以自由崇拜任何神祇。罗马众神只需接受尊崇,但最好不要渴慕被爱戴,也不要像纳税官厌恶民众在外省纳税一样,介意与其他神祇共享尊崇。与神相处是责任交换与相互尊重。坦承自己对某位神祇情有独钟是种迷信行为,此人八成神经错乱。

> 今谋杀恺撒之兆已为神谕昭然揭示……然而他枉顾神谕,仍赴元老院。
>
> 苏维托尼乌斯,《恺撒生平》81

因为罗马全民信神,所以政教一体。皇帝兼为祭司长,今天主持法庭的法官明天可能就要(作为祭司)向朱庇特献祭一头公牛。罗马旅客一定会见到这样的献祭场景。人们将献祭牲畜拉到祭坛上(在罗马,祭坛在外面,在神庙的前面),祭司在其背上撒上一种特殊的面粉。宰杀祭牲后,一位以动物内脏占卜的祭司检查祭牲内脏。如果完好,说明安然无事。如果破损,也许是因为它不愿赴死,也许预示神祇不悦。

祭牲的内脏被焚毁献祭,而其他参与者分享剩肉。当场出售,买块牛排非常划算。虽然售价略高,但与神共餐甚至可能与神圣的朱庇特同食是什么样的荣幸呐!

寻访神庙

朱庇特神庙。首站务必选择卡比托利山国家宗教中心

八 宗教信仰

的朱庇特神庙。朱庇特神庙坐落在卡比托利山上,正如神庙的名字所示,它是罗马城中最古老的神庙之一,据说是在罗马城建立后不久,也就是大约一千年前,由罗穆路斯始建而成。于罗马人来说,该神庙象征着罗马城的无上权力和威严。罗马人记载早在建地基时,曾经出现一个人头,预言家们认为这意味着罗马终有一天会成为世界之首。

如今,地基上布满蜂窝状的隧道,里面装满祭品、雕像与珍宝。这些雕像曾经装饰过庙顶,但作为罗马的最高建筑之一,神庙经常被朱庇特的雷电击中,受损的雕像被小心地藏在地下。现存神庙为图密善皇帝所建,公元80年,神庙被烧毁,公元82年,图密善敕令重建。此前,公元69年,神庙曾在内战中被烧毁,迄今经过数次重建。公元26年,奥古斯都下令修复的神庙也只不过是公元前83年被毁神庙的复制品。所以趁它矗立未倒,赶紧看几眼吧!

整座神庙恢宏神圣。

罗马

全善全能的朱庇特(Iuppiter Optimus Maximus)通常缩写为IOM,很多献祭词都以这三个字母开始。

****

朱庇特神庙的四根铜柱是由马克·安东尼与克利奥帕特拉的船队桅杆制成的,公元前31年被奥古斯都俘获。

柱底有 2.4 米宽，由一种特殊的白色大理石建造而成，这种材料其他建筑一律禁用。庙门与庙顶鎏金异彩。神庙呈长方形，面南偏东。由于朱庇特与朱诺、密涅瓦共处一庙，所以那里有三座单独的内殿（那里还有一位供奉护界神的小型神龛，因为在所有的神中，只有他与叛逆的青春女神尤维塔斯拒绝在朱庇特神庙初建之时从山上的旧庙搬离出来）。朱庇特最初的雕像是赤陶制成，每年节庆日，朱庇特的脸便会被涂成红色（这就是每当皇帝凯旋脸总被涂成红色的原因）。在现存的朱庇特神庙中，朱庇特已改成巨型坐像，表面上看完全由黄金与象牙制成。

这里是执政官们首次公开献祭的地方，这里是凯旋游行的终点，这里收藏着罗马一切外交档案。

> 朱庇特，我给你带来了这些战利品，一副从国王身上夺来的盔甲……我把这片神圣的领地献给你。
> 公元前 750 年，罗穆路斯建立朱庇特神庙。
> ——李维，《罗马史》1.10

罗马广场的庙宇。离开卡比托利山，走下吉莫尼亚台阶，经过马美廷监狱，来到罗马广场。稍后我们将详细介绍这个广场，但是现在，请观察位于西北角的农神庙的花岗岩圆柱。在灶神与朱庇特神庙之后，这座大部分由特拉沃尔廷石制成的农神庙就是罗马最古老的宗教建筑之一。它兴建于公元前 498 年，现存的是公元前 42 年的重建物。建庙之初，罗马还是一个农业社会，财神奥普斯的丈夫便是农神。这里还有《十二铜表法》，它奠定了罗马法大厦的基础。

农神有个象牙雕像，脚部被羊毛绳束缚，只有在其诞辰农神节这天（12月17日）才会被解开。

农神庙对面是元老院，或称居里亚。它本身就是一座神庙，因为元老院本身只能坐落于圣地。院里矗立着罗马人公元前272年从皮拉斯手中夺取的胜利女神像。传说一旦移走雕像，罗马很快便会陷落。鉴于罗马人本来就不喜欢基督教徒，谈及基督教皇帝在公元5世纪移走雕像后不久罗马便陷落，该观点也许不太妥当。

下一站是灶神庙。灶神维斯塔是朱诺与克瑞斯（Ceres，古罗马神话的谷神，谷物cereal便是源于其名）的姐妹。公元191年，神龛最近一次重建，里面有座庭院，四周有门廊，中间有喷泉和水池。灶神的神龛里没有雕像，只有圣火。圣地里的某些地方只允许维斯塔的贞女祭司进入。贞女们负责准备用来祭祀的磨拉（面粉）和照管圣火。

一旦圣火熄灭，罗马人如闻噩耗，维斯塔贞女更是如晴天霹雳一般，因为这表明她们当中有人已经失身。在揪出并惩罚犯错的维斯塔贞女后，奸夫也会被殴打致死，而后须通过摩擦木棍重新起燃圣火。维斯塔贞女必须供职满三十年，此后可以解除誓言，甚至结婚。但是，人们相信，嫉妒心强的神祇会大大缩短贞女丈夫的寿命，并且无神论者与憧憬天国的人不宜婚配，许多女祭司在退休后仍然愿意留在神庙里。

接下来是公元2世纪中叶的安东尼努斯和福斯蒂纳神庙。这是一座建在高地基上的大理石建筑，前面是一段砖梯。这座献给安东尼皇帝和福斯蒂纳皇后的神庙,因坚不可摧而闻名于世。直到公元16世纪,罗马广场仍屹立不倒,虽然已经衰败,但基本完好。但是,文艺复兴运动的破坏力惊人,神庙的大部分被基督教的野蛮人拆除用来兴建教堂,尤其是新梵蒂冈大教堂。然而,这座神庙的石柱承受住了所有冲击,但庙顶的深痕永难磨灭。工人们试图拉下石柱,在庙顶深深扎下钢索。

> *我接受你……以维斯塔贞女之名,你将受罗马人民所托,行维斯塔贞女之职。*
>
> 祭司长引荐新任维斯塔贞女的宣词

另一座由安东尼皇帝兴建的神庙是维纳斯与罗马神庙,坐落在斗兽场和广场之间的韦利亚高地。哈德良皇帝始建神庙,他与建筑师阿波洛多罗斯在建筑上观点不合。阿波洛多罗斯抱怨地下室太小容不下雕像,亲自设计这部分的哈德良非常生气,下令将建筑师处死。神庙的祭神室被一个门廊包围,罗马女神殿面朝罗马广场,维纳斯与斗兽场彼此相望。谈及斗兽场,该地区得名于尼禄的一座巨型金色雕像,为了建造神庙,罗马人必须动用26头巨象才能将其搬走。

最后抵达波阿利姆广场。花些时间欣赏一下大力神的圆形神庙(正如供奉灶神的神庙一样,有时候也会被误认),以及旁边的河港之神波尔图努斯神

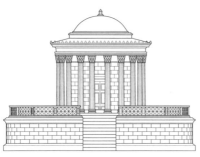

八　宗教信仰

庙。在奥古斯都兴建和平祭坛"阿拉帕西斯"之前（参见"战神广场"），多年以来，大力神神庙外的祭坛始终是罗马独大，这也与其大男子气概的形象相一致。

这次短暂的朝圣之旅至少跳过了六处有趣的神庙，包括位于广场西南方向敬奉朱庇特之子卡斯托尔（俗称"卡斯特"）与波利克斯的神庙。阿文丁山上坐落着著名的戴安娜神庙，而在相反

罗　马

维斯塔贞女祭司的候选人往往是6岁至10岁的童女。

＊＊＊＊

在罗马，如其他任何人一样，祭司也要参加竞选（尽管皇帝可能会提前宣布入选者）。

＊＊＊＊

由于罗马的财富最初源于农耕，因此农神庙的数量也与罗马的国库储藏休戚相关。

＊＊＊＊

演说家最爱卡斯特和波利克斯神庙，他们喜欢在台阶上对着熙熙攘攘的人群高谈阔论。

方向，在战神广场的边缘，则坐落着罗马最伟大的建筑奇迹之一——万神殿。

万神殿

万神殿位于雄伟壮观的哈德良古墓的河对岸，靠近略小但令人印象深刻的奥古斯都家族陵墓。万神殿的巨型圆顶极具识别性，它需要6米厚的墙壁支撑。穹顶的尺寸比例可谓完美至极，其直径与万神殿的高度完全一致，穹顶下方可以放置一个完整的巨球。全殿空间达56600立方米。

公元2世纪早期，哈德良始建万神殿。这座神庙献祭所有奥林匹亚神祇，每尊神祇在墙上均有各自的壁龛。

入口处矗立着一扇巨型青铜门，后面是一排希腊式花岗岩立柱，每根立柱高达12.5米，重60吨。穹顶顶部有个8.8米宽的圆形开口，光线从那里进入，氛围与多数幽静祭室完全不同；一日

罗 马

万神殿直径43.3米，为全世界有史以来最大的砖石圆顶建筑。它比现代罗马的圣彼得大教堂宽0.6米，比佛罗伦萨的大教堂宽1.5米，比伦敦的圣保罗大教堂宽近10米。

八　宗教信仰

之内，随着太阳轨迹运行，氛围随时变换。建造者通过掏空部分穹顶的同心圆层来减轻穹顶的重量，这些同心圆层层缩小，在视觉上大大扩大了建筑的尺寸与空间。

> M.AGRIPPA L.F. COS. TERTIUM FECIT [马库斯·阿基帕（MARCUS AGRIPPA），卢修斯之子，三任执政官，兴建此宫殿]
>
> 万神殿上的原始铭文，由哈德良为后代保存

富丽堂皇的大理石地板、居中的拱柱、矮墙的壁龛、内部的柱廊，以及五彩斑斓的光线和色彩，为整座神庙带来了无穷的魅力。该建筑与艺术的杰作将屹立数千年不倒。

宗教节日

大多数罗马家庭与旅馆门口都有日历，当你做下周计划时，日历可供借鉴。黑白标识仅对主人有用，因为这些表明了其星座运势中的吉凶之日。日历上 F 和 C 分别表示工作日与适宜公众集会的日子，以及基本的工作日。N 代表非诉讼日，意指一些公务无法执行。EN 是半天工作日，公务仅在下午办理。另一方面，NP 标志着完全放松的一天，是一个主要的公共假日。一些 NP 事件如农神节只在固定日子里进行，其余是类似复活节的活动盛宴。

在日历上，除了一般的工作日（通常标记为 A—H）和集市日，该月主要被三个节日——献祭朱诺日（1 日）、诺内斯日（7 日左右）和阿斯日（敬献朱庇特，13 日或 15 日）分隔开来。

罗马年里处处都是节日，许多是为了纪念无人献祭的神祇，而那些神祇的献祭仪式则是由祭司们在无名神庙里举行。其他的庆祝活动都是公开的，不容错过，许多游客慕名而来。

1月 奇怪的是，1月1日竟然要正常工作，因为罗马年通常从3月开始，而罗马人不喜欢改变。但在这天，新执政官将会带着随从从圣道游行到朱庇特神庙，向朱庇特献祭白色公牛，祈求罗马国泰民安，并且当众坐上象牙椅。1月初还有为期三天的康姆皮塔利亚节，设立该节日主要是为了安抚烦情愁绪。节日项目包括戏剧、舞蹈和运动。当天奴隶休息，罗马公民必须自己动手丰衣足食。

2月 净化月。人们会在祖灵节周纪念先父母。这期间，神庙禁闭，不宜婚配。一小群人聚在墓地喝着酒和牛奶，与逝者共餐。节日结束后，所有家人相聚享受一顿丰盛晚餐。祖灵节与牧神节重合，牧神节非常古老，无人能解其意义。两队贵族青年在帕拉蒂尼山的一个小洞里献祭山羊和一只狗。然后，他们身上除了披件山羊皮外，几乎赤身裸体地跑下山来到罗马广场上，用羊皮条抽打行人。因为挨到鞭打意味着将拥有旺盛的生育能力，所以路上遇见的多是（前来祈福的）年轻女性。

3月 当月节日主要是纪念战神，毕竟3月就是以战神命名的。被称作"萨利"的一队奇装异服的青年举着奇怪的盾牌，唱着连罗马人都听不懂的赞美诗，在城里游荡。几乎可以断定，年轻人穿着一千年前士兵们的古铜色战衣，这种仪式比罗马的存在还要古老。作为吟诵奖励，他们夜夜享有盛宴，致使至今仍用"招待萨利"的短语形容丰盛夜宴。

4月 鲜花怒放之月（源自拉丁语 aperio，意为"绽放"）。4月4日，人们会举行宴会来纪念大母神（意为伟大的母亲，一种亚洲崇拜）。接着是巴利利亚节，当维斯塔贞女们用准备好的一种特殊混合物在城市各处燃起小型篝火时，参加派对的人们在身上洒上月桂树枝上的水，三次跳过火焰。然后众人坐下参加露天宴会。花卉节在4月28日至5月3日之间，一周游戏与马戏不休，诵唱繁花似锦、子孙满堂。这期间道德不再压制性欲，以至没在花卉节交欢几乎是在隐喻其无异性缘或者无能。

5月 忧心春收的每个农场和村庄都会举办一场净化活动。游行队伍绕着村庄边界或庄稼田垄转圈，举行献祭谷神的仪式。如果政府认为有必要，可以在5月普查罗马人口。

6月 6月9日是维斯塔节，法律允许已婚妇女进入维斯塔神庙的禁地供奉。习俗认为该月凶，直到6月15日贞女祭司打扫完圣殿后才能化解。尽管如此，一般6月13日密涅瓦神庙里还是有个醉酒聚会。而后全体罗马人，包括奴隶和囚犯，在6月24日向幸福女神福尔图娜献祭。当日，罗马万人空巷，所有人都去观看梵蒂冈田野附近的仪式，同时品尝新酿的葡萄酒。奥维德说在这一天，醉酒归家不为羞。

7月 6日至13日会举办阿波罗尼亚运动会、音乐和戏剧比赛。除此之外，7月相对来说风平浪静。

8月 许多商人在月初向大力神赫拉克勒斯献祭。祭牲的数量取决于个人财富总额，没有一位商人愿意被视作穷人。因为祭祀大力神的祭品必须在神殿区内立即食用，所以那里有许多美味的免费牛排晚餐可供享用。13日祭祀阿文丁山上的月亮女神戴安娜,这天奴隶们也能休息。出于一些不明原因,女人应在当日沐发。8月21日是祭祀古代神祇康苏斯的节日。这很有趣,因为此前战车竞赛曾在其神庙周围举办。现存比赛场地是大竞技场,神庙坐落于屏障中央。祭祀节日一如往昔,但战车竞赛紧随其后。

9月 仅有一个节日,即罗马节。该节日从5日持续至19日,所有其他的活动无期可排。9月15日,一枚钉子被隆重钉入朱庇特神庙的墙壁,游客们很喜欢数钉子数目。迄今钉数共计已超过700枚。

10月 有"十月马节"之称,这是一场在战神广场进行的无拘无束的赛马比赛。城中罗马人在支持各自下注的马时可能爆

寺庙外正在进行的祭祀。主礼祭司以托加罩头。因为背景中的公牛看起来很大,所以你可以在附近转转,看看是否会有大的、多肉的牛排出售

发冲突。其中获胜的马将被献祭，它的血将被维斯塔贞女们用于庆祝一个神圣节日。

11月 举办平民运动会，著名的游行队伍从朱庇特神庙经

罗 马

2月（February）这一称呼源于一种清洁工具 februum。

* * * *

5月婚配，大凶。

* * * *

"净化"在两千年后的英国仍然以"打破（性别）界限"的名义存在。

* * * *

在4月1日，女性在通常为男性保留的公共浴室沐浴，并向幸福女神祈祷得遇佳偶。

* * * *

类似罗马的"十月马节"（尽管没有献祭）的活动也发生在今日意大利锡耶纳的帕利奥。

* * * *

在罗穆路斯时代，古代神祇康苏斯节曾发生强奸萨宾妇女事件。

过罗马广场抵达大竞技场。11月15日贵族举行盛宴,此时城外几乎不见达官贵人踪影。何处用餐,与谁共食,将确定他们来年的社会地位。

12月 首个节日是玻娜女神(拉丁语意思是"仁慈女神")节,最后一个节日是农神节。这是一场所有人都可以参与的公众盛宴。商店关门,人们交换礼物,在街上游戏、聚会或公开赌博(平常法律禁止)。正装抛在一旁,人们都穿聚会服装,头顶花哨的帽子。每个家庭都会选择一个仪式主持人来指挥活动,当日主仆地位颠倒。

九　名胜攻略

罗马广场&提图斯凯旋门&帝国广场&凯旋柱&圣彼得墓&浴场

罗马是世界之都，它在各人面前呈现出了不一样的面貌。于某些人而言，进入罗马意味着有机会认识商界或政界的头面人物。于其他人而言，他们可以在此参观罗马众神的中心神殿。还有些人是公务在身，更多人只是想亲自看看这座传说之城。每位游客各有计划和攻略，但有些景点是每位远道而来的旅人都应当列入攻略清单的。

罗马广场

> 我告诉你何处可寻芸芸众生，如此，你便即刻能见到欲见之人，或恶或善，或邪或正。
>
> 普劳图斯，《象鼻虫》467

罗马广场坐落在帕拉蒂尼、奎里纳勒和维米纳尔山间的山谷里，地基在埃斯奎利诺山。自从山上原本的沼泽被抽干后，此地就是城市生活中心，久而久之变成广场。从普劳图斯时代起，广场旧貌换新颜。自共和国末期以来，它的重要性有所下降，因为皇帝们兴建了许多其他广场来满足城市日益发展的需求。尽管如此，罗马人的广场仍然是朋友聚会、了解新奇八卦、观看杂耍表演或旁听高级律师辩论的场所。对于游客来说，没去过罗马广场的罗马之旅是不完整的，原因很简单，大部分罗马历史都发生在这座小山谷里。站在元老院门前，仿佛穿越八百年时空，神交曾经莅临此处的诸位古罗马名人，例如傲慢的塔奎因、辛辛纳图斯、审查官加图、尤利乌斯·恺撒、西塞罗、尼禄等。

罗马广场首个兴建的工程当数罗马城中最大的地下水道——马克西玛下水道。它在许多方面都极为重要，因为是它排干了填满山谷的沼泽，才使楼房建筑成为可能。这肇兴于伊特鲁里亚诸王时代，自彼时起，广场建设始终如火如荼。最新的建筑是西普提米乌斯·西弗勒斯拱门，它很新，石头都未风化。

这座拱门位于元老院外的古老的格拉克斯学院，外国使者曾在此恭候元老院召见。大使们在此饱览罗马广场、朱庇特神庙和帕拉蒂尼山的锦绣风光，这绝非巧合，而且毋庸置疑，当会见元老时，大使们会忍不住抒发对罗马荣耀适度而含蓄的赞赏。

西弗勒斯拱门是为纪念皇帝在亚洲战胜帕提亚帝国而建的。它有三座完全被大理石覆盖的拱顶，上面雕刻着满载而归的战车、所向披靡的帝国之师，还有一座俯首称臣的帕提亚巨雕。拱门顶上有尊青铜雕塑，描绘了西普提米乌斯·西弗勒斯骑在凯旋战车上的场景，两侧骑士云集。铭文记载了罗马皇帝的丰功伟绩，以自豪的 S.P.Q.R. 收尾，即"罗马元老院与罗马人民"。

当你站在拱门前眺望阿文丁山时，右侧是农神庙，后面是韦帕芗神庙，周围环绕着康科德神庙。为彰显罗马社会各个阶层团结一心而建的康科德神庙常被忽视，每当天下重新稳定后，就会被高调地修缮翻新。数步开外，火神祭坛的前面有一方小小盖井。这是 umbilicus urbis Romae，字面意思是"罗马城的肚脐"，当然也成了整个帝国五分之一人口的中心（由于该地区是一处主要旅游景点，有时似乎那五分之一的罗马人都想和你共享广场）。

左边坐落着罗马的元老院，矗立着宏伟的青铜巨门。当元老院开会时，一群年轻人聚在门口，他们的导师徘徊于附近。这些年轻人都是元老之子，站在那里聆听辩论是他们由来已久的特权，因此，当他们日后坐到元老院的大理石长凳上时，早已深谙元老院的为政之道。

演说台起初在元老院前方。昔日，演讲人如执政官卡托之流常常对罗马公民发表长篇大论。而在公元前 1 世纪早期的政争和内战期间，此地曾以长矛悬挂著名的元老头颅示众。如今，演说台已经移到了西弗勒斯拱门的正前方，坐落在帕拉蒂尼山两侧的瓦尔坎圣坛和朱利安大教堂之间。

在新西弗勒斯拱门旁边，还有一座非常古老的小型纪念碑，如今已有部分深埋地下。这座黑色粗石柱上刻着拉丁文，历史悠远，今人已难考证，但根据传统，这是罗马的创始人罗穆路斯升天的地方（有两种解释罗穆路斯神秘

> 他们（缴获的迦太基船只）被拖到罗马的码头，部分被烧毁。他们同意用他们的船头装饰广场的高台，那块空地被叫作"演说台"（rostra）。
>
> 李维，《罗马史》8.14

> 我记得他（律师特拉查卢斯）首度出庭于朱利安大教堂。与会陪审团常有四法官，楼中嘈声烦扰。
>
> 昆体良，《雄辩术原理》10.1.119

罗马广场另一侧，帕拉蒂尼山悠然在望，后面是卡比托利山

失踪的传统说法，另一种传闻则是他被元老们谋杀，每位元老都在托加长袍下藏着其部分尸体）。

在经过拉库斯·库尔修斯骑士浅浮雕时，尽量加入圣道上熙熙攘攘的人群。传说王政时代，广场上出现了一个大洞，人们以为这预示着厄运降临。然而，一位名叫库尔修斯的年轻人自我牺牲，骑马跃入洞中，随后该洞便消失了，罗马从而免于灾难。了解历史的罗马人会悄悄指出，更有可能是在公元前5世纪，朱庇特多次闪电袭击该遗址，宣称主权，于是时任执政官库尔修斯便将此处彻底封锁。普劳图斯说，喜欢在这一带闲逛的都是些……

> 卑鄙无耻之徒，无端造谣诽谤，可以此言驳斥诽谤者，真实不虚。
>
> 普劳图斯，《象鼻虫》476

九 名胜攻略

广场与图密善的马雕等高，显然，它仍然是一处重要的行政中心。左边的朱利安大教堂即将闭庭，而右边埃米利安大教堂马上开庭。

试看那些在此四处溜达的人们，判断一下普劳图斯的话是否正确：

> 欲寻满嘴谎言之徒、大言不惭之辈，径往克罗亚希纳神庙（埃米利安大教堂之前）；欲觅一腰缠万贯、挥金如土之士，可往大教堂周围。还可见到妓女疲惫不堪、嫖客讨价还价。
>
> 普劳图斯，《象鼻虫》470

在通往图斯库斯街区的十字路口，一条路通向皇宫，经过卡斯特和波利克斯神庙。（普劳图斯警告："往卡斯特神庙之后，你将遇可信之人，让你脱离苦痛。"）

共和时期，罗马教皇马克西姆斯大祭司的住所曾在此十字路口。尤利乌斯·恺撒曾占用过该建筑。马克西姆斯教皇是维斯塔贞女们的监护者，她们的神庙与住所就在靠近帕拉蒂尼山一侧大祭司住处的正上方。左边还有两座庙宇——安东尼努斯和福斯蒂

硬币上的维纳斯与罗马神庙

纳神庙，另有一座较小的罗穆路斯神庙，坐落在一些早于罗马城建造的坟墓里。

远离广场，眺望前方，壮阔的维纳斯与罗马神庙浮出地表，斗兽场则在后方，若隐若现。

提图斯凯旋门

罗 马

提图斯凯旋门明净、简洁的线条给后来的法国人留下深刻印象，因此被当作巴黎凯旋门的模型。

﹡﹡﹡﹡

提图斯的首要功绩便是摧毁了耶路撒冷圣殿，围攻负隅顽抗的马萨达要塞。

提图斯凯旋门位于罗马广场与斗兽场之间，凯旋门下方的通道挤满了穿梭在广场和斗兽场之间的人群。尽管如此，在这个人山人海的城市里，还是应该挤过人潮去看下壮观的凯旋门。凯旋门是一种特殊的罗马式建筑。罗马有20多座凯旋门，散在各个角落，每座凯旋门都纪念了一场壮烈的军事胜利。提图斯凯旋门便是为纪念公元70年平定犹太叛乱而立。

提图斯只指挥了战役的后半部分，原因是尼禄驾崩后帝国四分五裂，其父韦帕芗亲征四方，将任务交予提图斯。提图斯死后，凯旋门由其兄弟图密善建造完成。凯旋门内的浮雕描绘了提图斯缴获的战利品，包括耶路撒冷圣殿的七分枝圣烛台和银喇叭。在凯旋门正面雕刻的场景中，提图斯驾驭凯旋战车，胜利女神为其戴上花冠，而打扮成亚马孙人的罗马人牵马随行。凯旋门顶内部的一些镀金浮雕与花卉图案栩栩如生，仿佛在婆娑光影中悠然浮动。

> 吾元老院、罗马万民谨以此门献予神圣的提图斯·韦帕芗·奥古斯都——神圣的韦帕芗之子。
>
> 提图斯凯旋门铭文

提图斯煞费苦心地为其纪念碑选址，人群可以透过凯旋门，窥见元老院与罗马广场的主要建筑。这象征着皇帝用他的至尊权威保卫着肃穆庄严的共和国。

帝国广场

自尤利乌斯·恺撒时代以来，似无一位皇帝不在城中兴建广场就能统治罗马城。这些广场集中于奎里纳勒山与维米纳尔山之间，与另一侧的罗马广场遥相对应。

公元前1世纪50年代末，恺撒始建广场，在铺设第一块石头前他便耗费一笔巨资，因为兴建之前恺撒必须购买并拆除11700平方米的高价私宅。柱廊环绕着狭长的长方形广场，广场一端是恺撒神庙，另一端是维纳斯神庙。这是恺撒在毫不隐讳地暗示其家族源自维纳斯——埃涅阿斯的母亲和尤鲁斯的祖母。在豪华的神庙穹顶之下，美学家们瞻仰着恺撒辉煌的艺术藏品，领略其无与伦比的品位。

> 此处，今日广场所在，昔日乃为深沼，有一渠引至远方河流。
>
> 奥维德，《年表》6.401-402

这里有尊华丽的大理石雕像，刻画着一身戎装的独裁者，另有一尊他的老情人埃及艳后克利奥帕特拉的金像。实际上，克利奥帕特拉金像塑造出了希腊化且鼻梁高挺的女士形象——然而，克利奥帕特拉的魅力绝非仅限于外表。

或许该广场最佳之处是喷泉。炎炎夏日，游客们享受着凉爽浪花，乘着凉风四处闲逛，欣赏着轻装少女们迷人曲线汇聚而成的亮丽风景线。

恺撒的神庙献祭维纳斯，养子奥古斯都的神庙则献祭复仇者马尔斯·乌尔托。奥古斯都的守护神是阿波罗（该广场也有阿波罗的象牙雕像），但奥古斯都想要强调，在为恺撒复仇的时候，他能夺得无上权力实属出乎意料。

神庙祭司们指出该广场两个有趣的特征。第一，奥古斯都在苏布拉区一侧兴建过一道防火巨墙，保护了神庙与罗马广场（奥古斯都广场位于恺撒广场和苏布拉区之间，防火墙也将部分喧嚣阻挡在这个人口稠密的地区之外）；第二，该广场并非标准矩形。街角有个钉子户，由于奥古斯都希望强化维持共和的理念，最终决定放过这处惹人嫌的住宅。

这里经常会有一小群人呆呆地盯着广场上尤利乌斯·恺撒的剑。在众多的雕像与艺术品中，有两幅阿佩利斯的画作，他是古代最伟大的艺术家之一。

韦帕芗广场位于最东边，非常靠近圣道。因为有座大型和平神庙雄踞于此，所以它有时也被称为和平广场。犹太历史学家对该广场尤感兴趣，因为该神庙也是一座博物馆，里面藏有大量公元70年犹太起义后罗马人从犹太掠夺而来的奇珍异宝和典章文物。

> 恺撒按照法萨罗斯战前誓言，建维纳斯之庙，立埃及艳后克利奥帕特拉像于神旁，至今犹在。
>
> 亚庇安，《内战史》2.102

涅尔瓦广场本来会被命名为图密善广场，如果那位不受爱戴的皇帝在建成之前未被暗杀的话。图密善的继承者没打算改变他最喜爱的神庙，激怒智慧女神密涅瓦，所以这座科林斯风格的精美庙宇留存了下来。然而，神庙的清静完全被从奎里纳勒山到罗马广场的车水马龙所毁，因为二者之间的主干道正好穿过前院。

图拉真广场坐落在奎里纳勒山山脚下，在所有帝国广场中最靠北，宏伟至极，繁忙之至。广场设计师是图拉真最喜欢的建筑师阿波洛多罗斯（关于这个可怜虫在哈德良手中的命运见上一章，第122页），通过深切奎里纳勒山斜坡，他创造了这个巨大的（300米×85米）政商中心。广场一部分是个市场，这是为附近热闹的苏布拉区而建（参见"购物之所"），还有部分为法院，此外还有一个图书馆。这个多层图书馆建筑为国家档案馆，它的重要性仅次于罗马中央档案馆。这是一处凉爽、幽静的避难所，远离下方嘈杂的广场。一座档案馆大楼里藏有希腊文文献，另一座贮存拉丁文文献。书籍与卷轴都被小心保存在墙壁凹槽的木盒里。图书馆外矗立着一座巨大的图拉真神庙,恢宏壮丽,宣告着帝国蒸蒸日上的国力和资源。

罗 马

西弗勒斯建造凯旋门的部分原因是他不能庆祝胜利——因痛风致跛,他无法站在战车上。

****

恺撒与妻子离婚,原因是他怀疑一个名叫克洛迪厄斯的年轻男人在12月的玻娜女神(拉丁语的意思是"仁慈女神")节期间潜入王宫与她淫乱。

****

马可·安东尼夺权后,为报复西塞罗的刻薄谩骂,杀死了这位演说家,并在演说台上将其头颅与写字的手悬挂示众。

凯旋柱

图拉真凯旋柱。图拉真广场一柱擎天。在加入游客队伍登上通往柱顶的螺旋楼梯之前,请先肃穆止步,因为它实际上是一件陪葬品——皇帝石雕屹立于柱顶,而骨灰却躺在地基北边的一个小室内(这座雕像在中世纪的漫漫岁月中消失不见,取而代之的是圣彼得像)。

一块总长度 200 米以上的浮雕饰带盘旋绕柱,讲述了图拉真的达契亚之战。该设计展示了一个铺开的卷轴,它是判断希腊档案馆和罗马档案馆间凯旋柱位置的参考依据。一些

> 于其广场之上,图拉真建巨凯旋柱,既显葬身之所,又彰所立之功。问其原因,乃观四围皆丘陵,图拉真所掘之地竟与柱高相等。
>
> 卡西乌斯·狄奥,《罗马史》68.16

游客对希腊和罗马的文字不感兴趣,参观档案馆只为从楼上欣赏凯旋柱雕。这些雕塑生动描绘了图拉真的这场战争(遗憾的是,这些描绘后来消失了)。盾牌上标注了战争时间(公元 101—102 年和 105—106 年)。图拉真在各种围攻、谈判、激战、渡河与骑战中共出现了 60 次。凯旋柱上详述了罗马军队的作战情况,细致程度超过古代所有纪念碑。

马可·奥勒留凯旋柱。从卡比托利山向北漫游 15 分钟,经过左边的万神殿,你便能够看到一个仿图拉真凯旋柱的建筑。该凯

硬币上的图拉真凯旋柱

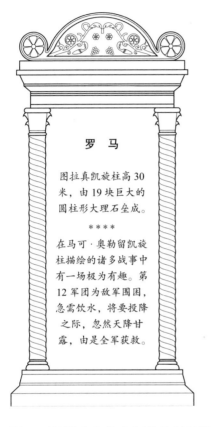

罗马

图拉真凯旋柱高30米，由19块巨大的圆柱形大理石垒成。

＊＊＊＊

在马可·奥勒留凯旋柱描绘的诸多战事中有一场极为有趣。第12军团因为敌军围困，急需饮水，将要投降之际，忽然天降甘露，由是全军获救。

旋柱是为缅怀哲学家皇帝马可·奥勒留所立，大约建于公元190年。

在罗马人看来，马可·奥勒留是罗马最伟大的皇帝之一，而他那被暗杀的儿子康茂德是最坏的之一。该凯旋柱实际上是康茂德为纪念马可·奥勒留抗击日耳曼人和萨尔马提亚人（萨尔马提亚人是黑海地区的一个骑兵部落）所建。正如图拉真凯旋柱一般，盾牌上标注的胜利日期将浮雕上的故事一分为二。

参观凯旋柱即将结束之际，不妨游览守柱人阿德拉斯托斯的住所。凯旋柱底座铭文证实，在凯旋柱立起后，官方允许他拿原本用作脚手架的木材建造私人住宅。

该凯旋柱展现了三位皇帝——现任皇帝马可·奥勒留、继任者奥勒留之子康茂德，以及康茂德的继任者佩提纳克斯将军。

九　名胜攻略

圣彼得墓

梵蒂冈山位于沼泽遍布、阴暗幽寂的罗马城东北，传闻那里有女巫出没，工人在山中挖黏土烧砖。要抵达那里，需要穿过城中尼禄竞技场。该竞技场由盖乌斯·卡利古拉兴建，尼禄将其变成他酷爱的战车竞赛私人训练场。罗马大火之后，它曾短暂向公众开放，如今已被废弃。

尼禄开放私人竞技场并非为举办战车比赛，而是公开处决基督徒，据说他们是那场将罗马大部分城区焚毁的大火的罪魁祸首。历史学家塔西佗记载，一些基督徒被迫身披兽皮，如此一来，蛮狗就会将其撕成碎片；其他人身上被涂上焦油和蜡，然后再被押上火刑柱，惨遭火刑；还有些人被钉在十字架上。两年后，罗马的基督教领袖圣彼得在此被钉死。相传，耶稣使徒是在赛道的中央屏障上被处死的。如果是这样的话，他就死在方尖碑旁边。这座方尖碑后来被移到离竞技场几百码远的地方，自此

罗马

早期的基督徒将圣人的遗体尽可能地埋葬在殉道之所周围，这导致许多墓葬靠近尼禄竞技场。

****

与第一位罗马主教合葬的人之中就有其继任者莱纳斯。

之后，始终矗立在圣墓上方的大教堂前。

据最早有关基督教传统的《教宗名录》记载，彼得被埋葬在"尼禄竞技场附近，奥雷里亚大道和凯旋门大道之间，邻近十字架上受刑之地"。彼得墓要么在基督徒的土地上，要么就在竞技场的道路对面，那里已被用来埋葬死者。不管亡者何人，罗马人极少盗墓，所以圣彼得的葬身之所从来都不是秘密。事实上，几乎从挖墓的那天起，它就成了一处朝圣之地。

圣体躺在一处地下墓穴的小型石棺中，这里满是希望尽量能够接近圣人的亡者。在当时，埋葬之地称为圣彼得纪念所。与为罗马宗教带来的巨大影响相比，彼得的坟墓相当低调，毫不引人注目。一座山墙形的穹顶罩在坟墓之上，有一面墙被漆成极易辨识的鲜红色。令那些虔诚的守墓者苦恼的是，墙上经常有涂鸦，祈求圣彼得宽恕，但安息之所被扰，试问圣人亡灵如何能够平和？

浴　场

罗马文明的一个无与伦比的成就是公共浴室。军营永驻的首要标志就是兴建一间浴室。距离文明中心越近，浴室越宏大雄伟，最好的浴室就在罗马。所有的浴室都有一间由暖风加热的更衣室，一间温水浴室，一间带有热风与热水浴的高温浴室，以及一个保持低温的凉水浴间。罗马人去浴室不只为洗澡。他们可能会花一个下午的时间享受，与老友闲聊，结交新朋友。哲学家塞涅卡对浴室里提供的服务提供过一些建议，但他并不完全热衷于这些离社交中心如此近的地方。

> 闹声震天，吾几欲为聋人。壮士举铃，呼哧带喘，技师连拍捶其背。稍后，球员又来，疾呼得分，此乃吾所能承受之至矣。然亦有人扑通跳水，浪花扑天，人所不能深知。另有一脱毛师，喊声刺耳，招揽外客，直至脱毛者惨痛之声过逾己声之后，方才闭口。又有卖水、售肠者及各类贩夫，皆以各自所长高声叫卖。
>
> 塞涅卡，《致露西留斯的信》56

为了表示尊重，我们建议按时间顺序参观罗马浴场。

阿格里帕浴场。这是罗马最古老的公共浴室，坐落在战神广场上。浴室始建于公元前 25 年，但直至公元前 19 年处女渡槽完工后才完全投入使用。它们靠近阿格里帕奉命修建的万神殿，与万神殿一样，哈德良也对浴室进行过大幅改造。这些浴室小于后来修建的浴室（不过仍然占地约 994 平方米），而且缺乏很多后来的设施。浴室平面图与后来特里尔的大浴室更加相似。高温浴室里有幅壁画值得一看，那里还有大量艺术作品，包括绘画和一座著名的雕刻——利西波斯的《刮擦者》。因

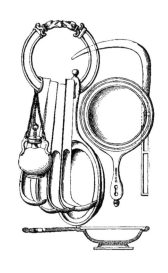

罗马

图拉真浴场占地 10 万平方米，有时一次可容 1000 多人。主浴池能够容纳 200 万加仑的水。

为离战神广场最近，这些浴室可能会很拥挤，它们是那些刚刚在训练场上锻炼、运动或骑马的吵闹鬼结束运动后的首站。

尼禄浴场。"呜呼……尚有恶于尼禄，抑或优于尼禄浴场之物哉？"诗人马提亚尔在这个舒适的浴室放松一下午后如此感喟。这些浴池最为美学家所爱，建于尼禄统治的最后十年，靠近阿格里帕浴场，使得该地区的居民最为洁净。尼禄的建筑师对阿格里帕的设计做了一些改造，将冷水浴室改到北侧的中间，而温水浴室位于冷水浴室和高温浴室之间。浴室富丽堂皇，装饰奢华。在中央大厅东侧和西侧的大型柱廊庭院中漫步，高温浴室四周都有梳妆室和休息室可供游客使用。这里有一座室内体育馆（这是罗马首座此类永久性建筑），为那些即便天气不好也想流汗的人提供便利。尼禄的想法被后来的设计师采纳，于是浴场成为现在罗马的休闲中心。

提图斯浴场。这些浴场也是尼禄间接修建的，因为它的建材来自（提图斯皇帝拆掉的）尼禄富丽堂皇的金殿。浴场始建于公元 81 年，位于罗马斗兽场附近，门票为 1 奥雷[1]。这些浴场小于

---

[1] 古罗马货币单位，用黄金铸造，1 个奥雷相当于 25 个迪纳里厄斯。恺撒时代，1 个奥雷重 8 克左右。随着罗马的衰落，到戴克里先执政时，1 个金币仅 5 克。

其他浴场，它们深受尼禄式的颓废狂热者喜爱。

图拉真浴场。这是图拉真广场的设计者阿波洛多罗斯的作品。公元104年，埃斯奎利诺山发生火灾后，图拉真决定将尼禄的私用水源用于公共浴室。与图拉真所有工程一样，这也是个大工程。浴室设在他们自己的花园里，周围是健身设施和图书馆。诚如斯言，"崇高之灵寓于强健之体"。

> 了解历史习俗之人曾言，先祖每日洗手足，但一月之内，仅洗全身三次。
>
> 塞涅卡，《致露西留斯的信》86

十　罗马漫步

帕拉蒂尼山&漫步台伯河河畔&战神广场

由于罗马同时漫步的人数极多，乐趣不算太多。在一天中错误的时间，主干道上摩肩接踵，冒险进入小巷，将会面临危险。

> 街狭道窄，马车驶过，车夫相互诘骂不休，……不管我们如何费力驱使，车停不动。前有熙攘人群，后有推搡之众。一人以肘击我，另一人以轿杆推我。忽然，有人用木板砸我头，又有人用酒桶砸。我的两腿泥泞不堪（幸运的话，污物是泥）；其后，一人踏在我身上，竟是一军士以钉靴踩在我的脚趾上。
>
> 朱维纳尔，《讽刺诗集》3.236-237、243-248

然而，选择一天中静谧的时光漫游罗马，这时，经日光照晒的砖块呈现蜂蜜棕色，鸽子聚在红瓦屋顶，罗马便化身为神奇之所。

帕拉蒂尼山

首先漫步经过部分仍在建设中的建筑，其中某些还能追溯到传说中的罗马起源。由于帕拉蒂尼山是王宫所在，所以不出意料，你会被疑神疑鬼的警卫阻拦数次，最好提前准备一个充分理由，解释为何经过此地。你也许会说自己笃信宗教，因为帕拉蒂尼山拥有多座庙宇；事实上，早在罗穆路斯和雷穆斯诞生之前，山上就有一些非常古老的宗教场所。

从帕拉蒂尼山北坡开始，背对提图斯凯旋门，一条名为克利乌斯·帕拉提努斯的古道延伸向前方。古道上熙熙攘攘，随处都是前往帝国庙堂的官员与上访者，以及寻求合作的商人和供货皇宫的本地人。首站是尼禄隐廊。隐廊是一种半地下的画廊，即便盛夏时节也凉爽如常。暴君尼禄用灰泥将画廊装饰得富丽堂皇，以便惬意漫步下山，驾临恢宏壮阔的金色宫殿（为给罗马斗兽场清道，现已被拆除）。在隐廊，朝向帕拉蒂尼山的首座壮丽皇宫是提比略殿，覆盖了大部分西山区。盖乌斯·卡利古拉将其扩展到卡斯特与波利克斯（古希腊罗马神话中的孪生神灵）神庙周围。

提比略殿外是圣母庙。这条路继续通往罗马最古老的地方，即罗穆路斯祖屋。这间陋室只有茅草覆顶、泥土抹墙，看起来与帝国荣光格格不入，然而，后来的考古发掘将揭示公元前8世纪这里确有一处定居点，据说罗穆路斯与妻子赫西莉亚曾住在帕拉蒂尼山上。

圣母庙坐落在橡树林中一座高台上。公元前204年，在与汉尼拔的战争中，罗马人将一块巨型黑石（可能是一块陨石）从东方带回罗马进行雕刻。在献祭女神的节日中，圣母庙对面的平台上上演着戏剧和体育赛事。罗马人对女神去势的信徒加利既着迷又反感,他们身着女性长袍、佩戴珠宝。崇拜女神据说会带来狂喜与痛苦的麻木(这有助于阉割去势)。

此山中央坐落着奥古斯都皇宫,皇帝奥古斯都曾在此居住。在奥古斯都前,帕拉蒂尼山中曾居住过大量罗马贵族,如西塞罗、马克·安东尼及公元前42年出生的提比略皇帝。然而,帕拉蒂尼山渐渐为奥古斯都不断扩建的宫殿和阿波罗寺庙所占据,白色大理石闪闪发光,门是金子和象牙制成的,宫殿里的珠宝琳琅满目,雕像也是无价之宝,如提摩太的狄安娜雕像和斯珂帕斯宏伟的阿波罗像。神庙与奥古斯都宫紧密相连。实际上,从皇帝的私人书房到他钟爱的隐居之所,随处都能饱览神庙和大竞技场的秀丽风光。

图密善大幅改造宫殿。他在当时非常不受拥护,因此柱廊上嵌刻了高度抛光的石镜,用来观察背后有无刺客(这也无济于事——公元96年他最终遇刺身亡)。奥古斯都的宫殿后面是他的妻子利维娅的独居处。据说,一些现存于罗马博物馆中的绮丽壁画便出于此处。

> 卡利古拉常坐于双子神(卡斯特与波利克斯)间,将神庙变为前院,以享献祭尊荣。
>
> 苏维托尼乌斯,《卡利古拉》22

山的西侧坐落着更现代的帝国建筑群:环绕中央喷泉的柱廊,由辛勤的奴隶照料的小花园,装饰着无价雕像的大理石走廊,以及绘有海景与神话壁画的砖雕。宫廷官员们拿着泥板和纸莎草卷轴来来回回,华服贵族窃窃私语,

十 罗马漫步

罗 马

"宫殿"(palace)一词源于帕拉蒂尼山(palatine)。

****

帕拉蒂尼山高约70米。

****

据说罗马的首次谋杀发生在帕拉蒂尼山,当时罗穆路斯因其弟雷穆斯嘲笑修筑的城墙将其杀死。

****

起初,帕拉蒂尼山城址呈正方形,故而,古时罗马又名"罗马方城"。

****

据说罗马的第二任国王努玛在帕拉蒂尼山南坡上与一位名叫埃杰里亚的仙女坠入爱河。

****

后来罗马帝国的官僚被戏称为"palatini"。

傲慢地注视着紧张等待的谒见者。

这些谒见者在大殿中间陛见神祇与皇帝，大殿巨像林立，中央放置皇帝高高在上的宝座。那些受宠之人在帝国政事堂（也在该大殿）中陛见天颜，或与皇帝一起在国宴厅一种古代的罗马餐桌（三面围有躺椅）用餐。

从宫殿出发，这条路通向一座宽阔的环形建筑与一座图密善为其守护神密涅瓦兴建的小神庙。小径经过一堵长墙，里面有座清雅安全的花园，皇帝可以在相对私密的环境中放松身心（叙利亚皇帝埃拉加巴卢斯极有可能就是在此安度晚年，享受着与众不同的欢趣）。

行至此处，旅客必须在一座巨大平台处向东绕行。在这座巨型平台上，能够俯瞰正在施工的大竞技场，如此一来，皇帝就能在足不出户的前提下观看激烈比赛。

> ［埃拉加巴卢斯］缚一美女于单车上……裸体而驾，佳丽之身亦无片缕。
>
> 佚名，《埃拉加巴卢斯》29.2

下山时还能看到更多工程，那里有正在扩建与增加浴池数量的利维亚浴场。在绕行完大半圈后，漫游之旅在克劳狄娅渡槽的拱门下结束。现在，斗兽场在左，大竞技场在右后方。再走几步抵达博厄姆广场，在那里开始沿台伯河漫步。

十 罗马漫步

漫步台伯河河畔

　　从博厄姆广场拥挤的市场开始,如果你未感知到噪声和气味,也能凭借广场上的铜牛得知此地正是罗马的主要牛市。牛市位于古罗马广场与克利伏斯广场之间,这是从阿文丁山过来的主要道路,也承载了来自帕拉蒂尼山南部和大竞技场山谷的交通,所以经常人流密集拥挤。在市场河边,一座四角海堤包围商业中心的码头,奥斯蒂亚远道而来的驳船在此卸货。一群无业游民与盗贼盯着新来驳船,而码头工人正在等待着将驳船上的货物卸到广场和阿文丁山之间的仓库里。穿过市场时,注意那些角上绑捆干草的牛,这表明此牛危险异常。

　　市场上游是罗马最古老的萨布利喜阿斯桥。据说正在此处,贺雷修斯(罗马传说中的一名英雄)曾英勇反抗塔克文国王的伊特鲁里亚士兵,他们曾试图摧毁新生的罗马共和国。罗马教士也正因此桥而被尊称为教皇,任何对桥的损坏都被视为神谕。这座桥完全是木制的,没有铁石,今天人们普遍

> 台伯河赫然在目,河水黄褐,沧浪始于伊特鲁里亚海岸,后左行(东),漫游帝王纪念碑、灶神庙。
>
> 　　　　贺拉斯,《颂歌集》1.2.13–16
>
> 我正是你所见之人,劈开两岸,横贯沃野——湛蓝之台伯河,最受人喜爱的天堂之河。
>
> 　　　　维吉尔,《埃涅阿斯记》8.62–64

认为,当初采取这种建造方式是基于一种悠久传统,但追根溯源,在当时它是罗马城中唯一一座桥,在敌军来犯之

古罗马穿越指南

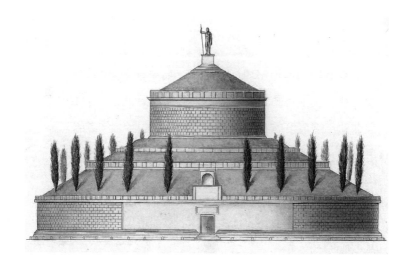

际,木桥更易拆卸。如今,桥名来源的木桩早已被更坚固的石头地基替代。

过河后,右转沿着台伯河继续前行。这条河即将结束其长达400公里的入海之旅:始于亚平宁山脉,流经纳尼亚城,灌入拉提姆平原。如今,河流水速大大减缓,足以沉降部分泥沙,于是,河水便呈现出罗马人所谓的台伯黄。河流蜿蜒曲折,流经罗马城。一排石头(cippi,用于建造城址)划定了河岸管理和维护河道畅通官员的权力边界(虽然未必总能成功)。

西岸是不受欢迎的一边,每当风向不对,就会飘来皮革厂的臭气,这些皮革厂不准设在更有名望的城区。台伯河本身也有些异味,这是因为罗马人将大部分污水排放或倾倒在"父亲之河台伯河"中,于是死犬、垃圾,偶尔有尸体漂浮在河上离开城市。

尽管如此，罗马人并不反对偶尔在河中洗浴。（应该是越往上游越好！）但这着实能提高回头率，因为罗马城中罕见公共场合裸体的情况。西塞罗曾对一位女士道：

> 你选址于台伯河畔修园，因少年皆于此沐浴之故。
>
> 西塞罗，《为凯利乌斯辩护》15（36）

穿过兴建于公元前142年前后罗马城中最古老的埃米利安桥，便能回到台伯河东畔。该桥由奥古斯都重建，且一直屹立至20世纪的罗马，孤悬河流中央，这也许是奥古斯都的杰作。

在寻访下一座桥前，往上游走几百码，来到马塞勒斯剧院。大约公元前17年，奥古斯都开始建设该剧院，以纪念他近期去世的侄子马塞勒斯。剧院墙高30米，可容14000多人，它也是罗马城中最大的石制剧院。在一楼墙壁上，每座拱门之间，雕刻着一只面具。

> 克劳狄乌斯皇帝担心"有人因治疗负担将生病和疲惫不堪的奴隶发往阿斯克勒庇俄斯岛（即台伯岛）"，遂谕令城中：还这类奴隶以自由，即便他们已经痊愈。
>
> 苏维托尼乌斯，《克劳狄乌斯》25

每只面具都代表了一种类型的戏剧剧目：共有十部喜剧、

五部悲剧和五部萨提尔戏剧[1]。

马塞勒斯剧院现在只经历了数个世纪的旅程，在接下来的千年里，它将化身一座堡垒，一座宏伟宫殿，最后变成一套公寓。[2]

回到河边，穿过法布里希大桥直抵台伯岛。罗马人声称，他们的祖先在推翻塔克文国王后，不想再与其产生任何关系，就把其地里的稻谷扔到台伯河中，泥沙淤积，直到形成台伯岛。事实上，这是台

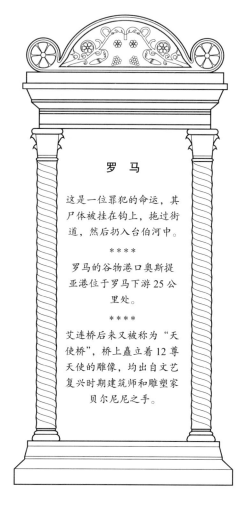

罗 马

这是一位罪犯的命运，其尸体被挂在钩上，拖过街道，然后扔入台伯河中。

****

罗马的谷物港口奥斯提亚港位于罗马下游25公里处。

****

艾连桥后来又被称为"天使桥"，桥上矗立着12尊天使的雕像，均出自文艺复兴时期建筑师和雕塑家贝尔尼尼之手。

---

1 Satyr plays，源于古希腊，是一种滑稽讽刺剧。
2 Theatre of Marcellus，马塞勒斯剧院在4世纪时被人们遗弃，并且部分被拆毁用作建筑材料。直到16世纪，当剧院被 Savelli 家族和后来的 Orsini 家族收购时，这里才有了戏剧性的变化。在 Baldassare Peruzzi 的帮助下，这里变成了一座宏伟的宫殿。即使在今天，宫殿的住宅部分仍然保存完好，目前它是罗马最令人垂涎和最昂贵的私人物业之一。

十　罗马漫步

伯河在卡比托利山岩石丁坝周围分流的地方。多年以来，人们认为该岛被诅咒，所以只让流浪者居住。公元前292年，罗马人将医神阿斯克勒庇俄斯的雕像运入罗马城。当船上的侍从们带着医神的圣蛇抵达时，圣蛇从船侧逃走，游到岛上。这显然是医神的意旨，于是人们在那里建造了其神庙。

岛上渐渐增添其他神庙，如今，医神宫与朱庇特、福纳斯（畜牧农林神）以及台伯的拟人像共同挤在这座长250米的岛屿之上。为纪念圣蛇涉水冒险，罗马人将岛造成船形，顺流而下，船首便是阿斯克勒庇俄斯神庙。神庙人满为患，因为它是当时罗马最接近医院的地方（后来岛上成立了一家医院）。

由于罗马人将河畔开放为码头，从早到晚装卸不休，所以在岛上所见风景颇佳。

通过始建于公元前60年的塞斯提安桥（与对面的法布里希桥同时修建）离开台伯岛，往上走，你就可以抵达哈德良皇帝的葬身之处，这是罗马城规模最大的陵墓。

> 此乃胜景，帕罗斯大理石（产自帕罗斯岛的大理石）攒聚相合，密而无缝。四边同一，各长九十米，其高逾墙。上有人马石雕，皆由大理石雕成，精美至极。
>
> 普罗科皮乌斯，《哥特战争》1.32

顶部有座皇帝御驾四马战车的巨型石雕。在哈德良之前，罗马诸帝一般葬在奥古斯都陵墓，但此处已无更多空间。因此，除非罗马要用尽图拉真柱之类的帝国墓葬标记，否则必须找到另一个帝王陵墓选址,而哈德良的陵墓(建于公元 134 年)甚至能够容纳下个世纪的皇帝。

从连接着哈德良纪念碑和城市的艾连桥离开坟墓区,前方便是万神殿和战神广场。

战神广场

除自然风物外,战神广场的精心规划使其更富魅力。广场规模恢宏庞大。不仅有战车比赛与各类马术运动的场地,也有许多人玩球、滚铁环与摔跤锻炼身体;他们可以互不妨碍。艺术品散落在田野和地面(常年长满草)各处。山顶在河里形成倒影,依稀可见,延伸至河畔,仿佛一处舞台背景,一处你几乎无法忽略的奇观。附近还有一处名胜,围绕着无数柱廊,包含大量圣所、三座剧院、一座圆形剧场以及无数富丽堂皇的神庙。这些建筑彼此紧密相连,似乎使得城市的其他地方看起来就像郊区。

由于罗马人坚信这是无上圣所,所以在此埋葬罗马英杰。最引人注目的当数奥古斯都陵墓。这是一座邻近河畔的大山丘,建在高高的白色大理石地基上,常青树郁郁葱葱,山顶矗立一座奥古斯都·恺撒的青铜像。山丘下方是奥古斯都及亲友的坟墓,土丘后面有富丽长廊围绕的圣域。

战神广场主要位于奎里纳勒山和流经梵蒂冈原野的台伯河间。正如斯特雷波(古希腊地理学家)所言,这里是躲避城市噪声与人山人海的理想归所,但近年来大兴土木与纪念碑已很大程度上限制了公共空间。

据说这些土地曾归罗马国王所有,罗马共和国在驱逐国王后,将这片土地献祭给战神马尔斯。这是项英明的决策,因为迄今年轻人还在练习马术,他们致力于将来成为罗马骑兵,教官认真传授他们执行骑兵任务需要的技巧。正是在这里,虽然大家都认为将军老矣,但马略将军依然操练不辍,希望统率另一支军队。在共和国时期,罗马人民聚集在此地选举高级官员,并就军国大事进行投票。由于战神广场位于内城城址之外,所以罗马人会在此会见无入城资格的使节。

从庞培剧院开始,在剧院的花园和柱廊间花费一两个钟头,欣赏一下巧夺天

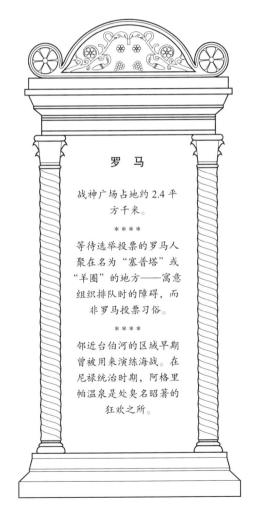

罗马

战神广场占地约 2.4 平方千米。

****

等待选举投票的罗马人聚在名为"塞普塔"或"羊圈"的地方——寓意组织排队时的障碍,而非罗马投票习俗。

****

邻近台伯河的区域早期曾被用来演练海战。在尼禄统治时期,阿格里帕温泉是处臭名昭著的狂欢之所。

工的神庙穹顶。公元前55年，恺撒大帝的劲敌庞培兴建该剧院。兴建之初，罗马禁止修筑石头剧院，所以庞培的建筑师将剧院的石凳做成通往神庙的台阶（见彩图4和彩图5）。该小神庙拥有世界上最宏伟的楼梯，一万多人可坐在台阶上观看下方舞台上的表演。

如果时间允许，不妨观览广场南端的弗拉米尼乌斯竞技场，或者就漫步神庙星罗棋布的区域。除战神庙外，还有座更古老的战争女神贝洛娜神庙，你能见到帝国各族信仰的异教神庙，而这些在罗马城内是非法的。

行至奥古斯都陵墓前的青铜双柱，漫游便结束了。在这些石柱上，奥古斯都刻下了精心编录的《自传》（*Res Gestae*），记述平生功业，尽量还原罗马始皇帝的风采。因为兴建陵墓之时正值公元前29年，此时奥古斯都征服埃及，参观了亚历山大大帝的陵墓，所以此陵墓略有埃及风采。其后罗马诸帝都葬在奥古斯都陵墓里，包括韦帕芗皇帝，当年陵墓墙体裂开，人们将其视为皇帝将要驾崩的征兆。

北边还有座大方尖碑，它实际上是个巨大日晷的指针。它也是奥古斯都设计的，在他生日当天，方尖碑的阴影直接指向奥古斯都的和平祭坛，这是罗马有史以来最伟大的雕刻建筑之一。

祭坛可追溯到公元前9年。它被白色大理石墙包围，墙上雕刻着花环和花卉的浅浮雕。上面皇室、祭司、元老与罗马人民列队而立，致谢"罗马治下的和平"。这些石雕融合了希腊雕塑的惬意典雅和帝国都会的宏伟壮阔。该建筑群正好位于弗拉米尼亚大道之侧。

那些从该大道进出城中的人们,都能受到这座伟大纪念碑的欢迎或欢送,而该纪念碑则象征世界上最伟大的城市——恺撒的罗马城的辉煌。

作者附言

本指南的背景取自大约公元200年的罗马，但借鉴的资源超过三百年时间跨度。我要感谢吉姆·艾特肯（Jim Aitken）博士在拉丁语翻译方面的帮助，以及乔安妮·贝瑞（Joanne Berry）博士和尼古拉斯·珀塞尔（Nicholas Purcell）的意见和建议。我也想把这本书献给那些热爱旅行的人。所有引文都由作者自译。有的引文后面标注的是CIL，这是 *Corpus Inscriptionum Latinarum*（《拉丁铭文集成》）的缩写，它是一本拉丁文题词全集。